中公文庫

人　口　論

マ ル サ ス
永 井 義 雄 訳

中央公論新社

目次

序　13

第一章　17

問題の叙述――対立する関係当事者たちの敵意のため、その解決の見通しはほとんどないこと――人間と社会との完成可能性にたいする主要な反対論は、じゅうぶんな解答をえていない――人口から生じる困難の性質――本論文のおもな論議の概略

第二章　29

人口と食糧とが増加する比率のちがい――これらの増加率のちがいの必然的諸結果――それらにより、社会の下層諸階級の状態につくりだされる動揺――この動揺が予期以上に観察されてこなかった理由――本論文の一般的論議が立脚する三つの命題――人類が生存していたことがしられているさまざまな状態が、これら三つの命題に関連して検討されることの提案

第三章　未開状態すなわち狩猟状態の手みじかな考察――牧畜状態、すなわちローマ帝国を荒廃させた野蛮人の諸種族――人口の力の生存手段にたいする優越性――北方からの移住のおおきなながれの原因　43

第四章　文明諸国民の状態――ヨーロッパがいま、ユリウス・カエサルの時代より人口がおおい可能性――人口についての最良の基準――人口の算定をたすけるものとしてヒュームが提案している諸基準の一つにおける、あやまりとおもわれるもの――ヨーロッパ諸国家のほとんど大部分における現在の人口のゆっくりした増加――人口にたいする二つのおもな制限――イングランドにかんする第一の制限、すなわち予防的制限の検討　53

第五章　イングランドにおける人口の第二の制限、すなわち積極的制限の検討――イングランドにおいて貧民のために徴収された巨大な金額が、かれらの状態を改善しない真の理由――それ自体の目的をくじく救貧法の強力な傾向――貧民の困窮の緩和対策の提案――われわれの性質の固定した法則からして、欠乏の圧力が社会の下層諸階級から完全に除去されることの絶対に不可能なこ　65

と――人口にたいするすべての制限は、不幸あるいは悪徳に帰着する

第六章　85
新植民地――その急速な増加の理由――北アメリカ植民地――奥地定住地における異常な増加の例――ふるい国家でさえ、戦争、疾病、飢饉あるいは自然界の激動による荒廃から回復するさいのはやいこと

第七章　93
伝染病の原因になりうるもの――ジュースミルヒ氏の表の抜粋――一定の、疫病流行の周期的到来が予想される――いかなる国でも短期間の出生と埋葬との比率は真の平均的人口増加の不適切な基準である――永久的人口増加の最良の基準――ひじょうにつつましい生活は中国およびインドの飢饉の原因の一つである――ピット氏の救貧法の一条項の有害な傾向――人口増加を奨励する唯一のただしい方法――諸国民の幸福の原因――飢饉は、自然が過剰な人口を抑制する最後のもっともおそろしい方法である――三つの命題は確立されたと考えられる

第八章　112
ウォーレス氏――人口から生じる困難はひじょうにとおい将来のことだと考

えることのあやまり――人間精神の進歩にかんするコンドルセ氏の素描――コンドルセ氏によりのべられた振動が人類に適用されるべき時期

第九章　120
人間の有機的完成可能性と人間生命の無制限の延長とにかんするコンドルセ氏の推論――動物の飼育と植物の栽培とにより例示される、限界が確定されえない部分的改良から、無限の進歩を推論する論議の誤謬

第十章　132
ゴドウィン氏の平等の制度――人類のすべての悪徳を人間の制度のせいにすることのあやまり――人口から生じる困難にたいするゴドウィン氏の最初の回答はまったくふじゅうぶん――ゴドウィン氏の平等の制度が実現されたと想定する――ただ人口の原理により、三〇年ほどのきわめて短期間にそれは完全に崩壊する

第十一章　154
両性間の情念の将来の消滅にかんするゴドウィン氏の推測――このような推測の明白な根拠はないこと――愛の情念は理性あるいは徳性のいずれとも矛盾しない

第十二章　160
人間の生命の無限の延長にかんするゴドウィン氏の推論――人体におよぼす精神的刺激の影響からひきだされたまちがった推論の、さまざまな例による証明――過去のなんらかの徴候にもとづかない推論は学問的推論と考えられない――地上における人間の不死への接近にかんするゴドウィン氏およびコンドルセ氏の推論は懐疑論の矛盾の奇妙な一例

第十三章　180
人間をたんなる理性的存在という側面で考察しすぎているゴドウィン氏の誤謬――人間という複合的存在においては、情念はつねに理性の決定を攪乱する力として作用するであろう――強制という問題にかんするゴドウィン氏の推論――人間が相互につたえることのできない自然の若干の真理

第十四章　189
ゴドウィン氏の著作全体のかなめである政治的真理にかんする五つの命題は、確立されない――人口の原理からひきおこされる困窮から、人間の悪徳および道徳的弱点はけっして完全に除去されえないとわれわれが想定する理由――ゴドウィン氏がもちいていることばの意味での完成可能性は人間に適用できない――人間の真の完成可能性というものの性質の例証

第十五章　198
あまりに完全な模範はときとして改善を促進するよりも阻害することがある——ゴドウィン氏の貪欲および浪費論——社会の必要労働を全員になかよく配分することの不可能性——労働にたいする痛罵は将来の利益をうみだす見こみをほとんど、あるいはまったくもたず、現在の害悪をうみだすであろう——農業労働の量の増大はつねに労働者にとって利益となるにちがいない

第十六章　213
アダム・スミス博士が、社会の収入あるいは資財のすべての増大を労働の維持のための基金の増大と考えているのは、おそらくあやまりである——富の増加が貧しい労働者の状態を改善する傾向をもちえない例——イングランドは労働の維持のための基金の比例的増加なしに富を増大させた——中国の貧民の状態は製造工業からの富の増大によって改善されないであろう

第十七章　227
一国の富のただしい定義の問題——すべての工業従事者を不生産的労働者と考えたことについてフランス・エコノミストたちによってしめされた理由は、ただしい理由でない——職人および製造業者の労働は国家にとってそうでなくても、個人にとってはじゅうぶんに生産的である——プライス博士の二巻

の『諸考察』における注目すべき箇所――アメリカの幸福および急速な人口増加の理由をおもにその特有な文明状態にもとめたプライス博士の誤謬――社会の改善の途上にある諸困難に目を閉じることからはなんの利益も期待されえない

第十八章　241

人口の原理から生じる困窮が人間にたいしてくわえるたえざる圧力は、われわれの希望を未来にむけさせるようにおもわれる――試練の状態というのは神の先見についてのわれわれの観念と矛盾する――世界はおそらく、物質を精神に自覚させる強力な過程である――精神形成の理論――身体の要求から生じる刺激――一般法則の作用から生じる刺激――人口の原理により生じる人生の諸困難にもとづく刺激

第十九章　256

人生のかなしみは、心をやわらげ、なさけぶかくするのに必要である――社会的共感の刺激は、しばしば才能のたんなる所有者よりも高次の人物をつくりだす――道徳上の悪徳はおそらくすぐれた道徳の創出に必要である――知的欲求からくる刺激は、自然の無限の多様性および形而上学的問題にまつわるあいまいさによってたえず維持されている――啓示にふくまれる諸困難は

この原理で説明されうる――『聖書』がふくむ証言の程度は、人間の能力の改善および人類の道徳的改善におそらくもっとも適している――精神が刺激によってつくりだされるという考えは、自然的および道徳的害悪の存在を説明するようにおもわれる

訳者解説　永井義雄　271

人間の不完全性――解説にかえて　藤原辰史　284

人口論

凡　例

一、『人口論』のテクストとしては、匿名で刊行された下記の初版本を使用した。*An essay on the principle of population, as it affects the future improvement of society, with remarks on the speculations of Mr. Godwin, M. Condorcet, and other writers*. London: 1798.〔名古屋大学経済学部所蔵〕。この初版本は、一九二六年および一九六六年に複製本が作られており、ともにボナーの注をふくむ。本訳書には必要なかぎりそれを取り入れ、それぞれに〔ボナー注〕と記しておいた。一九六六年複製本はオースティン・ロビンスンの「序」を付しているが、ここでは収録しなかった。初版本は、パラグラフごとに一行をあけているが、本訳書では、紙幅の関係で同様にしなかった。

一、訳文中の〔　〕は、原文のかっこやダッシュに対応する。（　）は、補訳のばあいに使用した。

一、訳文右脇の＊は原注を、†は訳注を示している。

序

以下の論文の起源は、ゴドウィン氏[†1]の論文の主題、すなわちかれの『研究者』における貪欲および浪費について、一友人[†2]とかわした会話にある。その討議は、社会の将来の改善という一般的問題をうみだした。そして著者は、はじめ、友人にたいして自分の思想を、会話において可能とおもわれる程度よりもいっそうはっきりと、紙面でのべるだけの意図で、机にむかったのであった。しかし、その問題が展開するにつれて、著者には、以前におもってもみなかったいくつかの考えがうかんだ。そして、これほど一般的に興味ある話題については、あるゆる光が、もっともわずかな光でさえも、素直にうけいれられるだろうと考えたので、出版物のかたちで自分の思想をのべる決心をしたのであった。

この論文は、一般的論議をあきらかにするもっとおおくの事実の収集により、うたがいもなく、はるかにいっそう完全なものとなったことであろう。しかし、ひじょうに厄《やっ》介《かい》な仕事のために生じた長期のほぼ全面的な中断が、出版をはじめに考えていた時期よりもあまりおくらせまいという〔おそらくは不謹慎な〕欲求と結びついて、著者をしてその問題に集中的な注意をはらえないようにしたのである。しかしながら、提出した事実は、人類の将来の改善にかんして自分の見解のただしさを立証する、重要でなくはない証拠をなすとみとめられるであろうと、著者は考えている。著者がいま、この見解を熟考するとき、それを確固とうちたてるのに必要なものは、ごくおおざっぱな社会観にくわえて、平明な叙述だけのようにおもわれる。

人口はつねに、生活資料の水準におしとどめられなければならないことは、おおくの著作家により注目されてきた明白な真理であるが、著者のおもいおこすどの著作家も、この水準が実現される方法をとくに研究したことはなかった。そして、社会の将来のどのようなひじょうにおおきな改善にとっても、その途上におけるもっとも強力な障害をなすと著者におもわれるものは、これらの方法についての一つの見解である。著者がのぞむことは、この興味ある主題の討議において、著者は真理愛によってのみうごかされており、ある一組の特定の人びとあるいは見解にたいするなんらかの偏見によりうごかされているのではないことが、理解されることである。著者は、社会の将来の改善にかんする思索のいくつかを読むときに、それらが幻想的であることを見つけだしたい、という願望とはひじょうにちがう気持をもって読んだことを告白する。しかし著者は、自分の理性にたいするつぎのような命令、すなわち願望することを証拠なしで信じていい、あるいは、不快におもわれることには証拠をともなうばあいでも同意を拒否していい、というような命令を、身につけたことはないのである。

人間生活について著者がしめした見解は、陰鬱《いんうつ》な色彩をおびている。しかし著者は、これらのくらい色あいを、実際に現実のなかにあるという確信からひきだしたのであって、ひがんだ目、あるいは生来の意地悪な性質からひきだしたのではないと自覚している。最後の二つの章で素描した、人間精神についての理論は、著者みずからの理解のために、満足できるしかたで、人生の諸害悪のほとんどすべてのものの存在を説明しているものである。しかし、それが他人にもおなじ効果をもつかどうかは、読者の判断にゆだねられなければならない。

もし著者が、社会の改善の途上における主要な困難と考えるものに、もっと有能な人たちの注意をひくことに成功し、そしてその結果、理論においてにせよ、この困難が除去されるのを見るならば、著者は、よろこんで現在の見解を撤回するであろうし、あやまりを確信してうれしくおもうであろう。

一七九八年六月七日

†1　ウィリアム・ゴドウィン William Godwin（一七五六〜一八三六）はイギリスの無政府主義者。人間の理性の無限の発展を信じ、個人と全体との調和が可能となり、政府権力は不必要になると考えた。本書に名前の出る著作のほか多数の著書があり、小説もすくなからず書いている。なお、「訳者解説」をも参照。

†2　「一友人」とは、父ダニエル・マルサスである。

第一章

問題の叙述——対立する関係当事者たちの敵意のため、その解決の見通しはほとんどないこと——人間と社会との完成可能性にたいする主要な反対論は、じゅうぶんな解答をえていない——人口から生じる困難の性質——本論文のおもな論議の概略

自然哲学において最近生じた大きな予想外の諸発見、印刷術の伸長による一般的知識の普及の増大、教養ある社会にも、また教養のない社会にさえ滲透《しんとう》している熱心でとらわれのない研究心、政治問題にたいしてなげかけられた、理性を幻惑し驚嘆させる、あたらしいおどろくべき光、またとくに政治の領域における途方もない現象、すなわち炎をあげる彗星のように、新鮮な息吹きと活気とを吹きこんで鼓舞するか、あるいは地上のおののく住民たちを焼き焦がし、破滅させるかの、いずれかを運命づけられているように思われるフランス革命、これらすべてのことが、ともに生じ、もっとも重要な諸変

革、すなわち人類の将来の運命をある程度決定するとおもわれる諸変革をはらむ時期にわれわれが到達しつつあるという意見に、おおくの有能な人びとを導いたのであった。現在、つぎのようなおおきな問題が論争中である、といわれてきている。人間はこれから加速度的に、無限の、これまで考えられたことのないほどの改善にむかって、前進を開始するであろうか、あるいは、幸福と不幸とのあいだの永遠の往復運動を運命づけられており、あらゆる努力にもかかわらず、念願する目標からはなおはかりしれないほどの距離にとどまっているであろうか、という問題である。

だが、人類を愛するすべての人が、この苦痛にみちた不安の終了を、切実に期待しているにちがいないし、また、研究者は、将来についての洞察《どうさつ》をたすけるかもしれないすべての光を熱心によびもとめているであろうが、この切迫した問題についてどちらがわの著作家たちも、まだたがいにとおくかけはなれているのは、ひじょうになげかわしいことである。かれらの相互の主張は、率直な検討をうけていない。問題は、少数の論点に集約されるにいたっていないし、理論においてさえ、結論にちかづいているとは、ほとんどおもわれない。

　ものごとの現在の秩序の擁護者は、思索的哲学者たちの一派を、つぎのうちのいずれかであると、扱いがちである。すなわち、現在の制度を破壊し、かれら自身のふかい魂胆のある野望の計画を推進することができさえすればよいという目的で、熱心に慈善を推賞し、社会のもっと幸福な状態の魅惑的な絵をえがく、狡猾《こうかつ》な陰謀をたくらむ一組のならずものとしてか、あるいは、その愚かな思索と不合理な逆説とは、理性あるいかなる人間の注目にもあたいしない、粗野な、狂気の熱狂家として、扱いがちである。

人間と社会との完成可能性の擁護者は、既成制度の防衛者にたいして、それと同等以上の軽蔑《けいべつ》をむくいている。かれは、その防衛者に、もっともみすぼらしい、せまい偏見の奴隷である、あるいは、市民社会の諸害悪により利益をえているからという理由だけによって、それら諸害悪の防衛者であるという烙印《らくいん》をおしている。かれは、その防衛者を、利益のために理性を売るもの、あるいは、偉大にして高貴ないかなるものをも把握するほど精神力がおおきくなく、五ヤード以上まえを見ることができず、またしたがって、人類の英知にみちた恩人の見解を理解することがまったく不可能であるにちがいないものと、見なしている。

この非友好的な論争において、真理の大義は、苦悩せざるをえない。この問題のおのおののがわにおける真にすぐれた主張は、そのただしい評価をうけることをゆるされていない。各人は、みずからの理論をおいもとめるだけで、それを、反対者たちによって提出されるものに注目して、是正もしくは改善することに熱心でない。

ものごとの現在の秩序を愛する人は、すべての政治的思索を総体的に非難する。かれは、社会の完成可能性が推論されている諸理由を、検討してみようとさえしない。まして、かれは、公正で率直な態度で、それら諸理由のあやまりの説明を、こころみる労苦をになおうとしない。

思索的哲学者も同様に、真理の大義にそむいている。かれは、社会のもっと幸福な状態のもたらす祝福を、もっとも魅力的な色彩でえがき、それに目を固定して、現在の制度のすべてにたいするもっともはげしい非難にふけって、かれの才能を、諸害悪を除去するもっとも良好、安全な手段を考慮することにもちいず、また、理論においてさえ、完成にむかう人間の進歩を妨害するおそれのある、おそるべき障害に気づいているようにおもわれないのである。

ただしい理論はつねに、実験により確認されるであろうことは、学問において公認されている真理である。だが、洞察力のもっともひろく、ふかい人さえ予見することが不可能にちかい、ひじょうにおおくの摩擦と、ひじょうにおおくの些細《ささい》な事情とが、実際には生じるのであって、そのため、経験の試練にたえたことのないなんらかの理論が、ただしいといわれうるのは、ごくわずかの主題についてでしかない。そして、未審理の理論が、論証しうると提唱されること、ましてや、ただしいものとして公正に提唱されることは、それにたいするすべての反対論が、じゅうぶんに熟慮され、はっきりと矛盾なく論破されるまでは、できないのである。

わたくしは、人間と社会との完成可能性についての思索のいくつかを、ひじょうなよろこびをもって、読んだ。それらが提供している魅力的な光景に、わたくしは、心あたたまり、愉快であった。わたくしは、このような幸福な改善を熱心にのぞむものである。しかし、それらの改善の途上に、おおきな、わたくしの判断では克服できない諸困難を、わたくしは見る。これらの諸困難についてのべることが、わたくしの現在の目的である。同時に、わたくしは、革新の友にたいする勝利の理由であるからといって、それらの諸困難によろこびをかんじるのではなく、それどころか、それらが完全に除去されるのを見ること以上に、おおきなよろこびをわたくしにあたえるものはないことをのべておく。

わたくしが提示するもっとも重要な論議は、たしかにあたらしいものではない。それが基礎とする諸原理は、一部はヒューム[†1]により、またそれ以上にじゅうぶんにアダム・スミス博士により、説明されたことのあるものである。それは、ただしい評価をもってでも、あるいはまた、もっとも強力な観点においてでもなかったが、ウォーレス氏[†1]により、現在の問題にたいして提出され、適用されたことがある。また、それはおそらく、わたくしのまだしらないおおくの著作家により、のべられたことがあったかもしれない。

それゆえ、わたくしはたしかに、その論議をふたたび提出することを考えるべきではない。ただ、その論議がじゅうぶんに満足できるほどかつて応酬されたことがあるならば、わたくしは、これまでに見たいかなる観点とも、ある程度ことなる観点から、それをのべるつもりである。

人類の完成可能性の擁護者のがわにおけるこの無視の理由は、たやすく説明されるものではない。わたくしは、ゴドウィンおよびコンドルセ[†2]のような人たちの才能をうたがうことはできない。わたくしは、かれらの率直さをうたがうことをよろこぶものではない。わたくしの理性およびおそらくほとんどすべての他の人びとの理性にとって、困難は、克服できないもののようにおもわれる。だが、ひろくみとめられた能力と洞察力のある、これらの人びとは、それにほとんど気づかず、不変の熱情と不滅の確信とをもって、このような思索の行路をとりつづけている。わたくしはたしかに、かれらがこのような論議に目をわざと閉じているのだ、という権利はない。わたくしはむしろ、このような論議のただしさが、いかに力づよくわたくし自身の心をうとうとも、このような人びとに無視されているばあいには、それらの正当性をうたがうべきである。しかし、この点については、われわれすべてのものは、ひじょうにあやまりをおかしがちなものであることが、みとめられなければならない。ある人に、いっぱいのぶどう酒がくりかえしだされても、かれがそれにはまったく注目しないばあい、わたくしは、かれが盲目であるか、あるいは失礼であると、考えたくなるであろう。もっと公正な学問は、むしろ、わたくしの目がわたくしをあざむいているのであり、また、さしだされたものは、実際には、わたくしがおもうようなものではない、と考えるように、わたくしにおしえるかもしれない。

論議にはいるにさいして、わたくしは、いま、すべてのたんなる推測、すなわち、なんらかの正当な学問的根拠にもとづいて、その可能な理解が推論されるというのではないすべての推定を、考慮にいれないことを前提としなければならない。ある著作家がわたくしに、人間はついには駝鳥《だちょう》になるだろうと考えている、というかもしれない。わたくしは、ただしくかれに反論することができない。しかし、かれは、理性あるいかなる人をも自分の見解に同調させることを予期できるためには、そのまえに、つぎのようなこと、すなわち人類の首はしだいにのびてきていること、唇《くちびる》はかたくなり、つきだしてきていること、足は日ごとにかたちをかえており、そして髪は羽毛の根にかわりはじめていることをしめすべきである。そして、そのように奇怪な変化の可能性がしめされることができるまでは、このような状態における人間の幸福について論評すること、走ることと飛ぶこととの双方の能力についてのべること、すべてのつまらない贅沢品《ぜいたくひん》が軽蔑され、人間は生活必需品の収集にだけつかわれ、したがって、各人の労働負担はかるくなり、余暇の部分が豊富になるという状態にある人間をえがくことは、たしかに、時間と弁舌との浪費である。

わたくしは、二つの公準[†3]をおいてもさしつかえないであろうと考える。

第一、食糧は人間の生存に必要であること。

第二、両性間の情念は必然であり、ほぼ現在の状態のままでありつづけるとおもわれること。

われわれが人類についてなんらかの知識をもって以来、これら二つの法則は、われわれの本性についての、不変の法則であったようにおもわれるし、またわれわれは、これまで、それらの法則の変更をなにもみとめなかったのであるから、宇宙の体系を最初にととのえ、そしてその被造物のために、いまなお、不変の法則にしたがって、そのさまざまなすべての作用をとりおこなっている存在（神）による、力の直接の発揮なくして、それらの法則がいつか、現在あるようなものではなくなるだろうと結論する権利をもたないのである。

この地上で、人間がついには、食糧なしで生活できるようになるだろうと想定した著作家がいることを、わたくしはしらない。しかし、ゴドウィン氏は、両性のあいだの情念は、いずれは消滅することもあろうと推測した。しかしながら、かれは著作のこの部分を、想像の領域への逸脱とよんでいるから、わたくしはいま、そのことについては、つぎのことをのべるだけにして、それ以上にながく議論しないでおこうとおもう。そのことというのは、人間の完成可能性を支持する最上の論拠は、人間がすでに野蛮状態からすすめてきたひじょうにおおきな進歩の考察と、人間がどこで停止することになっているかをのべることの困難さとからひきだされている、ということである。しかし、両性のあいだの情念の消滅の方向にむかって、なんの進歩もこれまで見られなかった。それは、二〇〇〇年、あるいは四〇〇〇年まえとおなじつよさで、いまも存在しているようにおもわれる。かつてつねにあったように、いまも、個人的例外はある。しかし、これらの例外はその数を増大させているようにはおもわれないから、例外の存在だけから、例外がいずれは法則となり、法則が例外となるだろうと推論することは、ひじょうに非学問的な論証方法であるにちがいないであろう。

そこで、わたくしの公準が承認されたものと考えて、わたくしはつぎのようにのべる。人口の力は、人間のための生活資料を生産する地球の力よりも、かぎりなくおおきい、と。

人口は、制限されなければ、等比数列的に増大する。生活資料は、等差数列的にしか増大しない。数学をほんのすこしでもしれば、第一の力が、第二の力にくらべて巨大なことが、わかるであろう。

食糧を人間の生命に必要なものとしている、あのわれわれの本性の法則によって、これら二つのひとしくない力の結果が、ひとしいものに維持されなければならない。

このことは、生存することの困難さに起因する、人口にたいする強力かつ不断に作用する制限を意味する。この困難さは、どこかあるところにふりかからなければならないし、また必然的に、人類のおおきな部分によって、きびしくかんじられなければならない。

動物および植物の王国全体に、自然は、生命の種子をもっとも気まえのよい、寛大な手でまきちらしてきた。自然は、それらをそだてるのに必要な空間と養分とについては、比較的、物惜しみしてきた。地上のこの地点にふくまれている生命の芽は、豊富な食糧と、ひろまることのできる豊富な余地とがあれば、数千年が経過するうちに、数百万の世界をみたすであろう。必然、すなわちあの厳然とした、すべてを支配する自然の法則は、さだまった限界内にかれらを制限している。植物および動物は、この偉大な制限的法則のもとで、ちいさくなっている。そして人類は、理性のいかなる努力によっても、それからのがれることができない。植物および動物のあいだにおいては、その結果は、種子の浪費、病気および早死である。人類においては、不幸と悪徳とである。前者すなわち不幸は、それの絶対に必然的な結果である。悪徳は、きわめておこる確率のたかい結果であって、したがってわれわれは、それがおびただしくひろまっているのを見ている。しかし、おそらく、それは、絶対に必然的な結果とよばれるべきではない。徳性の試練は、悪へのすべての誘惑に抵抗することである。

人口（増加力）と土地の生産（力）との、二つの力のこの自然的不平等、およびそれらの結果をつねにひとしくたもたずにはおかない、われわれの自然のあの偉大な法則は、社会の完成の途上において、わたくしには克服不可能だとおもわれるおおきな困難をなすものである。その他のすべての論点は、これと比較すれば、些細な副次的な問題である。すべての生命あるものを支配しているこの法則のおもみから、人間がのがれることができる道を、わたくしはしらない。どんな幻想的平等も、もっとも徹底したどんな農業上の規制も、一世紀のあいだでさえ、それの圧力を除去することはできないであろう。それだから、この法則は、そのすべての成員が、安楽、幸福および比較的閑暇のうちに生活し、そしてみずからと家族とに生存手段を提供することになんの不安もかんじないような社会の存在可能性にたいして、決定的な反証であるようにおもわれる。

したがって、もしそれらの前提がただしければ、論議は、人類の大多数の完成可能性にたいして、反対の結論になる。

わたくしはこうして、論議の一般的概略を素描したが、それをさらに個別的に検討しようとおもう。そして、経験、すなわちすべての知識の真の源泉と基礎とは、かわることなくそのただしさを確証することがしられるであろうと、わたくしは考える。

†1 ロバート・ウォーレス Robert Wallace（一六九七〜一七七一）は、スコットランドの牧師、思想家。近代における人口の減少を指摘して重商主義政策を批判し、地主指導のもとでの農漁業振興の重要性を主張した。このことにより、ヒュームと対立、論争した。主著は、*A dissertation on the numbers of mankind in ancient and modern times*, 1753.

†2 コンドルセ侯、マリー・ジャン・アントワーヌ・ニコラ・ド・カリタ Marquis de Condorcet, Marie Jean Antoine Nicolas de Caritat（一七四三〜九四）は、フランスの哲学者、数学者。ジャコバン憲法を批判したかどで告発され、欠席裁判により死刑の判決を受けた。のちに逮捕されて自殺した。

†3 原語は postulata で、これは今日の postulate つまり幾何学でいう公準あるいは公理である。原語がふるい用語だから公準という訳語をあてた。証明ぬきの前提と理解していいが、すぐあとの文章に、「これら二つの法則 laws」といいかえられているのを参照されたい。

第二章

人口と食糧とが増加する比率のちがい――これらの増加率のちがいの必然的諸結果――それらにより、社会の下層諸階級の状態につくりだされる動揺――この動揺が予期以上に観察されてこなかった理由――本論文の一般的論議が立脚する三つの命題――人類が生存していたことがしられているさまざまな状態が、これら三つの命題に関連して検討されることの提案

人口は、さまたげられないばあい、等比数列において増大し、人間のための生活資料は等差数列において増大すると、わたくしはのべた。

この命題がただしいかどうかを、検討しよう。

わたくしは、つぎのことはみとめられるであろう、と考えている。それは、生活様式がきわめて純潔かつ素朴であり、また生存手段がきわめて豊富であったために、下層諸

階級のあいだで、家族をじゅうぶんに扶養できないというおそれにもとづくか、あるいは上層諸階級のあいだで、かれらの生活状態を低下させるというおそれにもとづく、早婚にたいする制限が、どんなものにしてもあったことのない国は、〔すくなくとも、われわれがなんらかの説明をきいているかぎりでは〕これまで存在したことがない、ということである。したがって、われわれがこれまでしっているいかなる国においても、人口増加の力は、完全に自由に力を発揮するままにされたことはなかったのである。

結婚についての法律が制定されているといないとにかかわらず、自然と徳性との命令は、（男性が）はやくから一人の婦人にたいして愛着をおぼえることであるようにおもわれる。選択が不幸であったばあいの変更の自由を考えても、この自由は、ひじょうな悪徳にまでいたらなければ、人口に影響しないであろう。そしてわれわれはいま、悪徳がほとんどしられていない社会の存在を考えているのである。

それゆえ、純潔かつ素朴な生活様式が支配しており、また生存手段がきわめて豊富なため、社会のいかなる部分も家族をじゅうぶんに扶養することについて、なんのおそれももたないし、人口増加の力は、さまたげられないで、その力を発揮するにまかされるような、ひじょうに平等かつ有徳な国においては、人類の増加は、これまでわかっているどんな増加よりも、あきらかに、はるかに、いっそうおおきいであろう。

ヨーロッパのどの近代国家よりも、生存手段が豊富であり、人びとの生活様式が純潔で、またしたがって、早婚にたいする制限がすくなかったアメリカ合衆国においては、人口は、二五年間に倍加してきたことがわかっている。

この増加率は、人口の最大の増加力にはおよばないけれども、それでも現実の経験の結果として、われわれは、それをわれわれの基準にとり、つぎのようにのべよう。

人口は、制限されないばあいには、二五年ごとに倍加しつづける、すなわち等比数列において増大する、と。

ところで、地上の任意の地点、たとえばこの島をとり、それが提供する生活資料が、いかなる比率において増大すると考えられるかを見てみよう。われわれは、現在の耕作状態のもとにあるこの島からはじめよう。

わたくしは、もしこの島の生産が、考えられる最良の政策により、さらにおおくの土地を開拓することにより、また農業にたいするひじょうな奨励により、最初の二五年に倍加するかもしれないことをみとめるとすれば、どんな人にとっても、できるかぎりの要求をみとめることになるであろうとおもう。

つぎの二五年に、生産が四倍になることができるであろうと考えることは、不可能である。それは、土地の性質にかんするわれわれのすべての知識に、反しているであろう。

われわれが考えることのできる最大限は、第二の二五年における（生産の）増大は、現在の生産高にひとしいであろう、ということである。それでも、真実をはるかにうわまわっていることはたしかではあるけれども、これをわれわれの基準にとり、そして、ひじょうな努力により、この島の全生産は、現在の生産高にひとしい生活資料の量だけ、二五年ごとに増大するであろう、とみとめることにしよう。もっとも狂信的な思索家でさえ、これ以上の増大を考えることはできない。数世紀のうちに、それは、この島における土地のすべてを、菜園のようにするであろう。

だが、この増加率は、あきらかに等差（数列）的である。

それゆえ、生存手段は等差数列において増大する、とただしくいうことができる。

さて、これら二つの比率の結果を、むすびつけてみよう。

この島の人口は、約七〇〇万だと算定されており、またわれわれは、現在の生産高を、このような人口を扶養するにひとしい、と考えよう。最初の二五年に、人口は一四〇〇万になるであろう、そして食糧も倍加するから、生存手段（の増加）はこの（人口の）増加にひとしいであろう。つぎの二五年に、人口は、二八〇〇万になるであろう、そして生存手段は、二一〇〇万人を扶養するにひとしいだけであろう。つぎの期間には、人口は、五六〇〇万になるであろう、そして生存手段は、ちょうどその数の半分にじゅうぶんなだけであろう。そして最初の一世紀のおわりに、人口は、一億一二〇〇万になるであろう、そして生存手段は、三五〇〇万人を扶養するにひとしいだけであろうから、それは、七七〇〇万人の人口をまったく食糧供給のないままにしておくであろう。

多量の移民は、捨てさられる国におけるなんらかの種類の不幸を、かならずや意味している。なぜなら、かれらが現在いるところでの不安のなにかつよい持続的原因なしに、あるいはかれがいこうとするところにおける、あるおおきな利益ののぞみなしに、未経験な外国の風土に定住地をもとめて、家族、縁者、友人および生地をはなれようとするものは、ほとんどないからである。

しかし、論議をもっと一般的にし、移民についての偏見によってさまたげられないようにするために、一地点でなく、全地球をとり、人口にたいする制限がひろく除去されたと仮定しよう。もし、地球が提供する人間のための生活資料が、全地球がいま生産しているのにひとしい量だけ、二五年ごとに増大することとなっているとすれば、このことは、地球の生産力がまったく無制限であるとみとめることになるであろうし、またその増加率は、人類にとって可能な、いかなる努力が達成しうるとおもわれる比率よりも、はるかにおおきいであろう。

世界の人口を、任意の数、たとえば一〇億とすれば、人類は、一、二、四、八、一六、

三二、六四、一二八、二五六、五一二などの比率において、また生活資料は、一、二、三、四、五、六、七、八、九、一〇などのように増大するであろう。二世紀四分の一で、人口は、生存手段にたいして、五一二対一〇となるであろうし、三世紀では、四〇九六対一三、また二〇〇〇年では、その期間に生産物はいちじるしく増大しているであろうが、その差は、ほとんど計算不可能であろう。

土地の生産にたいしては、なんらの制限も、おかれていない。それは、永久に増大するであろうし、きめられるいかなる量よりも、おおきくなるであろう。それでもなお、人口の力は、もっと高次の力であるから、おおきい力にたいして制限としてはたらく、必然のつよい法則の不断の作用によって、人類の増加は、生存手段の増加と同量に維持されることができるだけである。

いま、考察すべきこととしてのこっているのは、この制限の結果である。

植物および動物のあいだでは、問題の考察は、簡単である。それらはすべて、強力な本能により、種の増加をうながされるし、またこの本能は、なんらかの思考によって、あるいは子孫を扶養することについての疑惑によって、さまたげられることがない。それゆえ、自由があるところではどこでも、増加力は発揮されるし、そして、過剰な結果は、動物および植物に共通な、空間と養分との不足により、また動物においては他のものの餌となることにより、のちに抑制される。

人間にたいするこの制限の結果は、もっと複雑である。おなじような強力な本能によって、かれの種族の増加をうながされるが、理性は、かれらの疾走をさまたげるし、またかれに、生存手段を供与することのできない存在を、この世にうみだしていいかどうかと、たずねる。平等な国においては、このことは、単純な質問であるだろう。現在の社会状態においては、その他の考慮が生じる。かれは、人生における自分の地位をひくめはしないであろうか。かれは、現在かんじている困難よりも、もっとおおきい困難にであわないであろうか。かれは、もっといっしょうけんめいはたらかざるをえなくなりはしないであろうか。またもしかれが、おおきな家族をもっていれば、かれの最大の努力で、かれらを扶養することができるであろうか。かれの子どもたちが、襤褸《ぼろ》と不幸とのうちにあり、かれのあたえることのできないパンをもとめてさけぶのを見るのではなかろうか。また、かれは、独立をうしない、慈善という物惜しみする手に扶養をたよらざるをえないという、悲惨な窮乏におちいるのではなかろうか。

すべての文明国民のあいだにおけるひじょうにおおくのものが、一人の婦人にはやくから愛着をもつことに見られる自然の命令にしたがうことを、これらの考慮は阻止するようにおもわれるのであり、そしてたしかに、それらは、阻止しているのである。そしてこの抑制は、絶対的にそうではないけれども、ほとんど必然的に、害悪をうみだすものである。だが、すべての社会において、もっとも悪徳のはびこる社会においてさえ、徳にかなった愛着にむかう傾向はきわめてつよいから、人口の増加にたいする不断の努力がある。この不断の努力はまた、不断に、社会の下層諸階級を困難におちいらせ、そしてかれらの状態のなんらかのおおきな永遠の改善をさまたげる傾向をもっている。

これらの結果がうみだされる経路は、以下のようであるとおもわれる。

われわれは、ある国における生存手段が、その国の住民の安楽な扶養にちょうどひとしい、と想定しよう。もっとも悪徳のはびこる社会においてさえ作用していることが見いだされる、人口増加にたいする不断の努力が、生存手段が増大するまえに、人びとの数を増大させる。それゆえ、まえには七〇〇万人を扶養していた食糧は、いまや、七五〇万人あるいは八〇〇万人のあいだでわけられなければならない。その結果、貧しいものは、さらにわるい生活をしなければならないし、またかれらのうちのおおくのものは、きびしい困窮を余儀なくされなければならない。労働者の数もまた、市場における仕事の割合をこえるから、労働の価格は低下の方向にむかわなければならないし、他方、食糧の価格は、同時に、上昇する傾向があるであろう。それゆえ、労働者は、まえと同額をかせぐために、さらにいっしょうけんめいはたらかなければならない。この困窮の時期のあいだ、結婚にたいする支障と、家族をやしなう困難さとは、ひじょうにおおきいので、人口は停滞している。そのあいだ、労働の安価なこと、労働者の豊富さ、およびかれらのあいだにおける勤労の増大の必然性が、耕作者を刺激して、かれらの土地にいっそうおおくの労働を雇用し、あたらしい土地を開墾し、すでに耕作状態にあるものを、もっと完全に施肥し改善するようにさせ、ついには、生存手段は、人口にたいして、われわれが出発した時点とおなじ割合になる。そうすればまた、労働者の状態はかなり安楽になるから、人口増加にたいする抑制は、ある程度ゆるみ、そして幸福にかんするおなじ後退運動と前進運動とが、くりかえされる。

この種の振動は、皮相な観察者によっては注目されないであろうし、また、もっとも洞察力のするどい人にとってさえ、その時期を推量することは、困難であろう。だが、ふるいすべての国において、このようないくらかの振動が、たとえ、いろいろな反対原因により、わたくしがのべたよりもはるかに目だたない、またはるかに不規則なしかたでではあっても、存在することを、問題をふかく考察する思慮ある人は、うたがうことができない。

この振動が、当然に予期されたかもしれない程度よりも明瞭でなく、また経験により決定的に確証されることもすくなかったことについては、おおくの理由があきらかとなっている。

一つのおもな理由は、われわれがもっている人類の歴史は、上層諸階級の歴史にすぎない、ということである。われわれは、人類のうちの、これら後退運動と前進運動とがおもに生じる部分の生活様式と慣習とについては、信頼することのできる説明をごくわずかしかもっていない。一国民の、また一時期の、この種の満足な歴史は、ながい生涯にわたる観察者の不断の細心な注意を必要とするであろう。研究対象のうち、若干のものは、つぎのようなこと、すなわち結婚の数は成人の数にたいしてどんな割合であるか、結婚の抑制の結果、どの程度有害な慣習が支配しているか、社会のもっとも困窮している部分の子どもたちと、もっとかなり安楽に生活している部分の子どもたちとのあいだにおける、死亡率の比はどんなものであるか、労働の実質価格の変動はどんなものであるか、また一定期間中のさまざまな時期において、安楽と幸福とにかんして、社会の下層諸階級の状態について目につく差異はどんなものであるか、ということであろう。

このような歴史は、人口増加にたいする不断の制限が作用するしかたをあきらかにするのにおおいに役だつであろうし、またおそらく、すでにのべられた後退運動と前進運動との存在を立証するであろう。もっとも、それらの運動の振動の時期は、おおくの攪《こう》乱《らん》要因の作用により、たとえば、一定の製造業の導入あるいは失敗、農業における企業心の支配の程度、豊作あるいは不作、戦争とペスト、救貧法、商品市場の比例的拡大なしに労働を短縮する過程の発明、そしてとくに、労働の名目価格と実質価格との差異の作用によって、必然的に不規則にならざるをえないのであって、この最後のものは、おそらく、他のいかなるものにもまして、この振動を一般の人の目からかくすのに役だった、一つの事情である。

労働の名目価格が、一般に下落することが生じるのは、きわめてまれであるが、食糧の名目価格がしだいに騰貴するあいだ、それはしばしば同一のままであることを、われわれはよくしっている。このことは、実際には、労働の価格における実質的下落であり、そしてこの期間中、社会の下層諸階層の状態は、しだいに悪化せざるをえない。しかし、農業者および資本家は、労働の実質的な安価によって富裕になる。かれらの増大した資本は、よりおおくの数の労働者を雇用することができるようにする。それゆえ、仕事は豊富になるかもしれないし、労働の価格は、その結果、騰貴するであろう。しかし、教区法[†1]によってか、あるいは富裕なものにおける団結の容易さと貧しいものにおけるそれの困難さというもっと一般的な原因によってか、いずれかによって、すべての地域社会において多少とも生じる、労働市場における自由の欠如が、労働の価格が当然の時期に騰貴することをさまたげるように作用し、ある期間、おそらく、さけびがあまりに声たかく、必要があまりに明瞭で、抵抗できない穀物不足の年まで、抑止しつづける。労働の価格の上昇の真の原因は、こうして隠蔽《いんぺい》される。そして富裕なものは、穀物不足の年を考慮して、貧しいものにたいするあわれみと恩恵の行為として、それ（労働の価格の上昇）を容認するようなふりをし、そして豊作がめぐってきたときには、その（労働の）価格がふたたび下落しないという、あらゆる不平のうちでもっとも不合理な不平をほしいままにするのであるが、そのとき、ほんのわずかな考察をするだけでも、労働の価格は、かれら自身の不当なたくらみがなければ、かなりまえに騰貴していなければならなかったことを、かれらにおしえるであろう。

しかし、不当な団結により、富裕なものは、しばしば、貧しいもののあいだにおける困窮の期間をながびかせるようにはたらくけれども、だが、考えられうるいかなる形態の社会も、もし不平等な状態であれば人類のおおくの部分にたいして、またもしすべての人が平等であれば人類のすべてにたいして、不幸のほとんど休みない作用を阻止することはできないであろう。†2

この命題のただしさがよりどころとする理論は、きわめて明快だとわたくしにはおもわれるので、それのどの部分を否認することができるかを推測することに当惑をかんじる。

人口が生存手段なしに増加できないことは、あまりに明瞭な命題であるから、例証を必要としない。

生存手段があるところでは、人口は、かわることなく増加することを、かつて存在したすべての国民の歴史が、ゆたかに証明しているであろう。

そして、人口の優勢な力は、不幸あるいは悪徳をうみださないでは抑制されないこと、これらのあまりににがい成分が人生という器《うつわ》においておおきな部分をしめること、また、それらのものをうみだしたとおもわれる自然的諸原因の永続性は、つよい確信をいだかせるにたりるだけじゅうぶんに立証されている。

しかし、これら三つの命題の正当性を、もっとじゅうぶんに確定するために、人類がそのなかで存在したとしられているさまざまな状態を検討しよう。粗略な考察でさえ、これらの命題は、異論の余地のない真理であることを、われわれに確信させるにたりるであろうと、わたくしはおもう。

†1　ここでいう教区は、教会の教区をもととした最小の行政単位で、当時の貧民救助は、一つあるいは複数の連合した教区ごとにおこなわれた。

†2　以上三つのパラグラフは、第二版にも残されているが、「富裕なものにおける団結の容易さと貧しいものにおけるそれの困難さ」、「さけびがあまりに声たかく」、「不当な団結」という表現は削除されている。表現がやわらげられているのである〔ボナー注〕。

第三章

未開状態すなわち狩猟状態の手みじかな考察――牧畜状態、すなわちローマ帝国を荒廃させた野蛮人の諸種族――人口の力の生存手段にたいする優越性――北方からの移住のおおきなながれの原因

狩猟がおもな職業であり、また食糧を獲得する唯一の方法である、人類のもっとも粗野な状態においては、生存手段は広大な領域に散在しているから、人口は必然的に、比較的希薄でなければならない。両性間の情念は、北アメリカ・インディアンにおいては、その他のいかなる人類におけるよりも、つよくないといわれる。だが、この冷感にもかかわらず、人口増加にたいする努力は、この国民においてさえ、扶養する手段よりつねにおおきいようにおもわれる。このことは、それら諸種族のうちのだれでもが、たまたま、ある地味ゆたかな地に定住し、狩猟よりももっとみのりおおい源泉から栄養をひきだすときにはいつでも生じる、比較的急速な人口増加からあきらかになるのであって、

あるインディアンの家族がどこかヨーロッパ人定住地のちかくに住居をさだめて、もっと安楽な文明的生活様式を採用したばあい、未開状態においては、一家族で一人あるいは二人以上が成人に達することはまれにしかおこらないのに、一人の婦人が、五人あるいは六人、あるいはそれ以上の子どもをそだてたことが、しばしば注目されてきている。それとおなじ観察が、喜望峰ちかくのホッテントット族についてもなされている。これらの事実は、狩猟国民における、生存手段にたいする人口の優越した力を証明しており、またこの力はつねに、自由に作用するままに放置されているときには、みずからをあらわすものであることを証明している。

研究すべくのこっていることは、悪徳あるいは不幸なしに、この力が制限されることができるかどうか、またその結果が、生存手段とひとしいように維持されることができるかどうか、ということである。

北アメリカ・インディアンは、一国民として考えるばあい、自由で平等だと、ただしくよぶことはできない。かれらについて、また実際、ほとんどすべての未開諸国民についても、われわれがしっている説明のすべてにおいて、女性は、文明諸国における貧しいものの富裕なものにたいする関係以上に、男性にたいして、完全に奴隷の状態にあると理解されている。国民の半分は、他の半分にたいしてヘロット[†1]としてふるまっているようにおもわれ、そして人口増加を抑制する不幸は、つねにそうならざるをえないように、社会全体においてその境遇がもっともひくい部分に、おもにふりかかる。

もっとも質朴な状態においては、人間の子どもは、かなりの注意を必要とするが、女性は、頻繁に居所をかえることの不便さと困難さ、および専制的な主人の応援のためにすべてのことをととのえるという、たえまない、休むときのない骨折り仕事に運命づけられているから、この必要な注意をあたえることができない。ときとして、妊娠中、あるいは子どもを背負ってのこれらの努力は、しばしば流産をひきおこすし、またもっとも頑健な幼児でなければ成人できなくする。女性のこれらの困難に、さらに、未開人のあいだを支配しているたえまない戦争と、そして、老いた寄るべのない両親を見すて、したがって自然の第一の感情を破壊するという、かれらがしばしばなめる苦難とを、つけくわえるならば、その光景は、不幸というしみからあまり解放されているようには見えないであろう。未開国民の幸福を評価するさいには、われわれは、血気ざかりの戦士にのみ目をむけてはならない。かれは、一〇〇人のうちの一人である。かれは、紳士であり、幸運児であり、運がかれにさいわいしてきたのである。そして、この幸運な人物がつくられるまでに、おおくの努力が失敗したのであって、かれの守護神は、かれが幼児期から成人になるまでにとりかこまれたとおもわれる、無数の危険をくぐりぬけて、かれをまもったのである。二つの国民のあいだの真に比較すべき点は、相互に照応することがもっともちかいと見られる、それぞれにおける階層であるようにおもわれる。そして、この見地から、わたくしは、血気ざかりの戦士を紳士と、また女性、子どもおよび老人を、文明諸国家における社会の下層諸階層と、比較すべきであろう。

それではわれわれは、このみじかい考察から、あるいはむしろ、狩猟諸国民について参照しうる説明から、つぎのことを推論してさしつかえないのではなかろうか。すなわち、かれらの人口は、食糧の希少なため希薄であること、食糧がもっと豊富になれば、それはただちに増大するであろうこと、また、未開人のあいだにおける悪徳を問題外とすれば、不幸は、人口の優越する力を抑制して、それの結果を生存手段にひとしくたもつ制限であること、である。実際の観察と経験とは、この制限が、少数の地方的、および一時的例外はあるが、たえず、いまもすべての未開諸国民にたいして作用していることを、われわれにものがたっているし、また、理論は、おそらくそれは一〇〇〇年まえもほとんどおなじつよさで作用していたし、一〇〇〇年後もあまりおおきくはなっていないであろうことをしめしている。

人類のつぎの段階、すなわち牧畜諸国民のあいだに支配している生活様式と習慣とについては、われわれは、未開状態について以上に、いっそう無知である。しかし、これら諸国民が、生活資料の不足から生じる不幸という一般的運命をまぬがれることはできなかったことを、ヨーロッパおよび世界のすべてのもっとも文明化した国が、豊富に立証している。スキティア[†2]の放牧民をして、獲物をもとめるひじょうにおおくの飢えた狼《おおかみ》のように、かれらの生地をすてるようにかりたてた刺激は、欠乏であった。この万能の要因にうごかされて、野蛮人の大群が北半球のあらゆる地点から集合したようにおもわれた。すすむにつれて、あたらしい暗黒と恐怖とをあつめ、集合した諸集団はついに、イタリアの太陽からかがやきをうばい、全世界をあまねくおおいつくす夜のなかにしずめてしまった。地上のもっとも文明化された部分全体にわたって、ひじょうに長期かつ深刻にかんじられた、これらのおどろくべき結果は、生存手段にたいする人口の優越する力という、単純な要因に、帰せられるであろう。

　牧畜の国が、農耕の国ほどおおくの住民を扶養できないことはよくしられているが、牧畜国民を、ひじょうにおそるべきものにしているものは、すべてのものをいっしょに移動させるという、かれらのもっている力と、かれらの家畜のためにあたらしい牧草地をもとめてこの力を発揮しなければならないという、かれらがしばしばかんじる必要とである。家畜の豊富な種族は、すぐにたべられる食物をたくさんもっていた。絶対的窮乏のばあいには、親の家畜さえ、たべられることがあった。女性は、狩猟国民のあいだでよりも、安楽に生活していた。団結した力のなかにあって勇敢であり、そして居所の移動により、家畜のための牧草地を獲得する力に自信のあった男性たちは、おそらく、家族を扶養することについてのおそれを、ごくわずかしか、かんじなかった。これらの原因がむすびあって、まもなく、その自然かつ不変の結果、すなわち人口の増大をうんだ。それゆえ、いっそう頻繁で急速な居所の移動が、必要となった。しだいに、いっそうひろく、おおきい領域が、占有された。いっそう広大な荒地が、かれらの周囲にひろがった。欠乏は、社会の不幸な成員をくるしめ、そしてついには、このような成員をともに扶養することの不可能なことが、あらそう余地なく、あまりにあきらかとなった。年わかい子どもたちは、そこで、両親の群からおしだされて、あたらしい地方を探索し、みずからの剣により自分たちのもっと幸福な場所をえることを、おしえられた。「世界は、かれらのまえにあって、かれらのえらぶがままであった」。現在の困窮にうながされ、うつくしい未来の希望にかがやき、また勇敢な冒険心にうながされて、これら積極的な冒険家たちは、抵抗するすべてのものにたいして、おそるべき敵となりがちであった。かれらがおしよせた国の平和な住民たちは、このような強力な行動の動機のもとで活動する男たちの力に、ながくたえることはできなかった。そして、かれらが、自分たちとおなじようなどんな種族と遭遇したときにも、あらそいは、生存のための闘争であったし、そしてかれらは、死は敗北の刑罰であり、生は勝利の賞金であるという考えに鼓舞されて、決死の勇気をもってたたかったのである。

これら野蛮なあらそいにおいて、おおくの種族が、まったく死滅したにちがいない。若干の種族は、おそらく、困難と飢餓とによってほろびた。指導者がもっと適切な指導をあたえた他の種族は、偉大で強力な種族となり、こんどは、さらにいっそう肥沃《ひよく》な場所をもとめるあたらしい冒険家たちをおくりだした。空間と食糧とをもとめるこの永遠の闘争によりひきおこされる、人間の生命のおびただしい浪費は、人口増加の強大な力により補給されてあまりがあったのであって、人口の力は、たえまない移住という慣行のため、ある程度、拘束されないで作用していたのである。南に移住した諸種族は、たえまない戦闘により、これらのいっそうみのりおおい地方を獲得したのだけれども、生存手段の増大のため、急速に数と力とを増大させた。やがて、ついには、中国の国境からバルチック海岸にいたる全領域が、勇敢、頑健、旺盛《おうせい》で、困難になれ、戦争をよろこぶ諸種の野蛮人種族の住民で、みたされた。若干の種族は、独立を維持した。他の諸種族は、ある野蛮人首長の旗のもとに列した。首長は、かれらを、あいつぐ勝利に導き、さらに重要なことに、穀物、ぶどう酒および石油の豊富な地方に導いたのであって、これらのものは、多年にわたってもとめられた無上のものであり、かれらの労苦の最大の報酬であった。アラーリックのような人、アッティラのような人、あるいはチンギス・カン[†3]のような人、およびかれらの周囲の諸首長は、栄光のため、広大な征服者という名声のために、たたかったかもしれないが、北方からの移住のおおきな潮流をうごかし、さまざまな時期に、中国、ペルシア、イタリアおよびエジプトさえも席捲《せっけん》するにいたるまで、それを推進しつづけた真の原因は、食糧の不足、つまり扶養手段をこえて拡大した人口であった。

領域のひろさにくらべて、任意のある時期の絶対的人口は、占有されている若干の地方の不生産的性質のために、けっしておおきいものでありえなかったが、人間のもっとも急速な出生があったようにおもわれ、そして若干のものが、戦争あるいは飢餓という草刈りがまによりなぎたおされると、ただちにほかのものが、そのかわりのおぎないとして、数をましてあらわれた。これらの大胆で不用意な野蛮人たちにおいては、人口はおそらく、近代国家におけるように、将来の困難についてのおそれにより制限されることはほとんどなかった。居所の変更による境遇改善というひろくゆきわたった希望、略奪にたいするたえまない期待、困窮したばあいに子どもを奴隷として売る権力、これらすべてが、生来の不注意という野蛮な性格にくわわって、のちに飢餓あるいは戦争により圧殺されるがままとなる人口をうみだすように、共謀した。

境遇に不平等があるところでは、そして牧畜国民においてはこのことはすぐに生じるものであるが、食糧不足から生じる困窮は、社会のもっとも不幸な成員にもっとも苛酷《かこく》にふりかからざるをえない。この困窮はまた、夫の不在のときにときおりおこる略奪の危険にさらされており、また夫が帰宅するという予想をたえずうらぎられていた女性によって、しばしばかんじられていたにちがいない。

しかし、食糧不足による困窮がおもにふりかかったのはどの部分であり、またそれは一般にどの程度かんじられたかを正確に指摘するにたりるほど、これらの国民の微細かつ詳細な歴史を、じゅうぶんにしらなくても、われわれは、牧畜国民についてもっている説明のすべてから、つぎのことをいってさしつかえないと、わたくしはおもう。すなわち、移住あるいはなんらかの他の原因により、生存手段が増大したときには、つねに人口はかならずかれらのあいだで増大したこと、また、それ以上の人口は制限され、そして現実の人口は、不幸と悪徳とにより生存手段にひとしく維持された、ということである。

というのは、女性にかんしてかれらのあいだでひろまっていたとおもわれる、つねに人口にたいして制限として作用するいかなる有害な習慣をべつとしても、戦争遂行は悪徳であり、またその結果は不幸であること、そして、食糧不足の不幸をだれもうたがうことはできないということがみとめられなければならないと、わたくしはおもうからである。

†1　古代スパルタの奴隷。

†2　スキタイ。黒海とカスピ海の北方および東方の地域。

†3　アラーリック Alaricus I（三七〇ころ～四一〇）は、西ゴートの王。在位三九五～四一〇。四一〇年にローマを占領した。アッティラ Attila（四〇六ころ～四五三）は、黒海からライン河までを占領したフン族の王。在位四三四～四五三。九世紀には「神の鞭《むち》」と呼ばれ、ドイツの伝説的英雄談『ニーベルンゲン・リート』には「エッツェル」の名で、アイスランド文学には「アティル」の名であらわれる。チンギス・カン Chinghis Khān（一一六七～一二二七）は、蒙古帝国の創始者。アジアの大半を制し、中国をおかし、コーカサスをこえてロシア南部、黒海地方にも侵入した。

第四章

文明諸国民の状態——ヨーロッパがいま、ユリウス・カエサルの時代より人口がおおい可能性——人口についての最良の基準——人口の算定をたすけるものとしてヒュームが提案している諸基準の一つにおける、あやまりとおもわれるもの——ヨーロッパ諸国家のほとんど大部分における現在の人口のゆっくりした増加——人口にたいする二つのおもな制限——イングランドにかんする第一の制限、すなわち予防的制限の検討

われわれの当面している問題に関連して、人類のつぎの状態、すなわち、その比率にはいくらかの相違があるが、ほとんどすべての文明諸国が、つねにとどまらなければならない牧畜と農耕との混合の状態を検討するにさいしては、われわれは、毎日まわりで見ていること、実際の経験、すべての人間の観察の範囲内にある事実によって、考察を

たすけられるであろう。

なん人かの、むかしの歴史家の誇張にもかかわらず、思慮あるいかなる人の心にも、おもなヨーロッパ諸国、フランス、イングランド、ドイツ、ロシア、ポーランド、スウェーデンおよびデンマークの人口は、以前の時代よりもはるかにおおいことに、なんのうたがいものこりうるはずがない。これらの誇張の明白な理由は、人口の希薄な国民でさえ、集結してあたらしい居所をもとめて一挙に移動するばあいに、かならずもつにちがいないおそろしい側面があるからである。もし、この異常な様相に、さらに一定の間隔で、同様な移民が連続してくわわるとすれば、南方の臆病な国民が恐怖のあまり、北方を人間が完全に充満した地域と想像したことに、われわれは、あまりおどろかないであろう。現在、その問題についてのもっとも精密で公正な見解は、その推論が、あたかもこの国（イングランド）のある男が、ウェールズおよび北部からくる家畜の群に路上でたえずであって、そのことからただちに、これらの国は王国のすべての地方のうちでもっとも生産的な地方だと結論するのとおなじように不合理であることを、われわれに理解させることができる。

ヨーロッパの大部分が以前の時代よりも人口のおおい理由は、住民たちの勤労がこれらの国にもっと多量の人間の生活資料を生産させたことにある。というのは、わたくしのおもうに、輸出および輸入を内部にふくむほどじゅうぶんにひろい領域をとり、そして奢侈《しゃし》あるいは倹約の習慣の普及程度の若干の差を考慮すれば、人口はたえず、土地が生産させられる食糧ときまった比例関係をもつことは、異論の余地ない命題と主張されうるであろうからである。古代および近代の諸国民の人口数にかんする論争においては、総じて問題の諸国の平均生産量が、ユリウス・カエサル†1の時代よりもいまのほうがおおきいことが明白に確認されうるならば、争点はただちに解決されるであろう。

中国は世界でもっとも肥沃《ひよく》な国であり、ほとんどすべての土地が耕作されており、そしてその大部分が毎年二種類の作物をうみ、またさらに、民衆がひじょうに質素に生活していることに、われわれが確信をもつばあい、その下層諸階級の生活様式および習慣と、早婚の奨励との研究をするまでもなく、人口は巨大であるにちがいないと、推論してよいであろう。しかし、なおいっそうの人口増加にたいする制限が作用するのはどのようにしてであるか、その国の扶養能力以上の人口増加を阻止する害悪はなんであり、また困窮はどんなものであるかを確認するうえで、これらの研究はきわめて重要であり、また下層中国人の習慣の詳細な歴史は、はなはだ有益であろう。

ヒューム†2は、古代および近代の諸国民の人口にかんする論文のなかで、かれのいうように、原因にかんする研究と事実にかんする研究とを混同しており、そのさい、かれの言及する原因のいくつかは、古代諸国民の実際の人口についてなんらかの判断をくだすことができるようにするものではほとんどまったくなかったことを、かれのふだんの洞察力をもってしても理解しているようにおもわれないのである。もしなんらかの推論がそれらからひきだされうるとすれば、おそらくそれは、ヒュームがひきだしているものの正反対でなければならない。とはいっても、わたくしはたしかに、このような問題にかんして、最初の外見にあざむかれることが他のすべての人よりすくない人にたいして反対するについては、ひじょうに気おくれしながら、かたらざるをえないのである。もし古代史における一定の時期に、家族をもつことがおおいに奨励されたこと、したがって早婚がひじょうに普及していたこと、また独身のままでいた人はごくわずかであったことをしるならば、人口は急速に増大しつつあったこと、しかし当時、人口は現実にはけっしておおくはなかったのであって、むしろ実際にはその逆に、当時の人口は希薄であり、またはるかにおおくの人口のための空間と食糧とがあったことを、わたくしは確信をもって推論すべきなのである。他方、もしこの時期に家族(の扶養)にともなう諸困難がひじょうにおおきく、したがって早婚はごくわずかしかおこなわれず、また両性の大多数が独身のままでいることをしるならば、人口は停滞していたし、またおそらく、現実の人口は土地の肥沃度にくらべてひじょうにおおかったから、それ以上の人口の空間と食糧とはほとんどなかったことを、わたくしは確信をもって推論する。近代において未婚のままでいる従僕、女中およびその他の人びとの数を、ヒュームはむしろ、近代国家の人口増加にたいする反証であると容認している。わたくしはむしろ、反対の推論をひきだし、それを近代国家の人口充満の論証と考える。もっとも、この推論はたしかではない。というのは、人口は停滞的であるが、住民の希薄なおおくの国があるからである。だから、正確にいえば、おそらくこういうのがよいであろう。同一の国あるいはさまざまな国の、さまざまな時期に存在する、全人口にたいする未婚の人の数は、これらの時期の人口が増大、停滞あるいは減少のいずれの傾向にあるかを、われわれに判断できるようにさせるであろうが、現実の人口を決定できる基準をなすものではないであろう、と。

しかしながら、われわれが中国についてもっているきわめておおくの説明のなかに、注意をひかれる事情が一つあるが、それは、この推論と調和させることが困難におもわれる。早婚は、中国人の全階層にわたってひじょうに一般的にひろまっている、といわれる。しかしアダム・スミス博士は、中国の人口は停滞的であると考えている。これら二つの事情は、調和しがたいものにおもわれる。中国の人口が急速に増大しつつあるとは、たしかに、ほとんどまったくありそうもないことにおもわれる。すべての土地は、ひじょうにながく耕作されてきているから、平均生産量に、毎年多量の追加があるとは、考えることができない。おそらく、早婚の普及という事実は、じゅうぶんにたしかめられていないのであろう。それがもし真実だと仮定すれば、その問題にかんするわれわれの現在の知識をもって、困難を説明する唯一の方法は、早婚の普及により必然的にひきおこされる過剰人口は、ときおりの飢饉と、困窮の時代にはおそらくヨーロッパ人にしられているよりもいっそう頻繁な棄児《すてご》の習慣とにより、抑制されているにちがいない、ということのようにおもわれる。この野蛮な慣行に関連して、このように人間精神のもっとも自然な原理を侵犯する習慣の存在以上に、食糧不足のために人類にかんじられた困窮の強烈な証明はありえない、とのべずにおくのはむずかしい。それは、古代諸国民のあいだでひじょうに一般的であったとおもわれるし、またたしかに、どちらかといえば人口を増大させる傾向があった。

近代ヨーロッパの主要諸国を検討すると、それらの国は、牧畜国民となって以来、人口をかなり多量に増大させたけれども、しかし現在では、その進歩はごくゆっくりであり、人口を二五年ごとに倍加させるのではなく、その目的のためには三〇〇ないし四〇〇年、あるいはそれ以上を必要としていることを、われわれは見いだすであろう。実際、若干の国はまったく停滞的であり、他の国は後退さえしているかもしれない。この人口のゆっくりした進歩の原因は、両性間の情念のおとろえに帰することはできない。この自然的性向はなおまだ不滅の活力をもって存在していると考えるにたりる、じゅうぶんな理由がある。それでは、その結果が人類の急速な増加となってあらわれないのは、なぜか。ヨーロッパのある一国——それはすべての国にとってひとしく役だつであろう——における社会状態の詳細な観察によって、われわれはこの質問にこたえることができ、また、つぎのようにいうことができる。すなわち、家族の扶養にともなう諸困難の予見が、人口の自然増加にたいする予防的制限として作用し、下層諸階級のあるものから、子どもたちに適当な食糧と注意とをあたえる能力をうしなわせている現実の困難は、積極的制限として作用する、ということである。

イングランドは、ヨーロッパのもっとも繁栄している国の一つとして例にとってさしつかえないであろうし、（それについて）おこなわれる諸考察は、人口がゆっくり増加する他のどんな国にも、ほとんどかわることなくあてはまるであろう。

予防的制限は、イングランドの全社会階層にわたってある程度作用しているとおもわれる。もっともたかい階層のなかにさえ、家族をもつと想定したばあいに、削減しなければならない費用およびみずから放棄しなければならない想像上の快楽を考えて、結婚をひかえる若干の人たちがいる。これらの考慮は、たしかに些細《ささい》なことである。しかし、

この種の予防的予見は、下層にいくにつれて、重要性をます考慮の対象を有しているのである。†3

教養はあるが、身分ある人びとの階層のなかでは、かろうじて交際できるだけの所得しかない人は、もし結婚し家族をもてば、ともかく社会のうちにまじっていくばあい、中位の農業者《ファーマー》および商人の下層と同列に位置せざるをえないことは、絶対にたしかだとかんじるにちがいない。教育ある男が当然に選択の対象とするとおもわれる婦人は、かれとおなじ趣味と感情とのうちにそだてられ、そしてかの女が結婚によりやむなくおちなければならない社会とはまったくことなる社会の周知の交際になれた人であろう。かの女の趣味および嗜好《しこう》とおそらくかなり不調和な境遇のうちに、自分の愛情の対象をおくことに、男は同意できるだろうか。社会において、二、三段おりること、とくに教育がおわり無知がはじまる階段のこのあたりをおりることは、一般の人びとにおいては、想像上および空想上の害悪ではなく、現実的、根本的害悪と考えられるであろう。もし社交がのぞましいものと考えられるならば、それはたしかに、自由で平等な、そして利益が受領されるだけでなく、授与されもする互恵的な社交でなければならず、被扶助者がその保護者とのあいだに、また貧者が富者とのあいだに見いだすようなものであってはならない。

これらの考慮はうたがいもなく、この生活諸階層の大多数のものが、わかくしてもつ愛情の性向にしたがうことをさまたげる。もっとつよい情念によってか、あるいはもっとよわい判断によってかのいずれかによって導かれる他の人びとは、これらの制限をつきやぶるが、道徳的な愛のようなきわめてこのましい情念の満足が、それにともなうすべての害悪をときとしてせいぜい相殺するだけでしかないとすれば、それは、じつにつらいものであろう。しかしわたくしは、このような結婚のもっと一般的な結果は、慎慮あるものの予感を抑制するというよりは、むしろそれを正当化するものであることが、みとめられなければならないとおもう。

商人および農民のむすこたちは、家族を扶養することができるなんらかの事業あるいは農場に定着するまで、結婚しないように勧告され、また一般にこの忠告にしたがう必要をみとめている。これらのなりゆきは、おそらく、かれらがかなり人生をすすむまで、おきないであろう。農場の不足は、イングランドではひじょうに一般的な不満である。また、あらゆる種類の事業の競争は、ひじょうにはげしく、すべてのものが成功することはできない。

一日一八ペンスをかせぎ、独身者としてある程度安楽にくらしている労働者は、一人にやっとたりるにすぎないとおもわれるだけのわずかな収入を、四、五人のあいだでわけるとなると、そのまえにすこしはためらうであろう。かれは、愛する婦人とともに生活するために、もっときびしい生活と労力とに身をゆだねる意志はあろう。しかし、かれは、いくらかでも考えてみれば、おおくの家族をもってなんらかの不幸におそわれたばあい、どんなに倹約しても、どんなに体力を駆使しても、子どもが餓死するか、あるいは独立性をうしなって自分たちの扶養を教区に依頼せざるをえないという、心のはりさけるいたましい感情からかれをまもることができないことに、気づかざるをえない。独立性を愛する気持は、たしかにだれしも人間の胸中からぬぐいさられることをねがうもののいない、感情である。けれども、イングランドの教区法は、とりわけこの感情を次第によわめるのにもっとも適した制度であり、ついにはそれを完全に消去するかもしれないことが、みとめられなければならない。

身分ある人びとの家庭にすむ召使いたちは、結婚をあえてするについては、なおいっそうやぶりがたい制約をもっている。かれらは、その主人とほとんど同量の生活必需品および安楽品さえ、もっている。労働者階級にくらべて、かれらの仕事は容易であり、かれらの食糧は贅沢《ぜいたく》である。そして、かれらの従属意識は、かれらが感情を害したばあいには主人をかえるという自覚した力によって、よわめられている。このように現在安楽な境遇にいて、かれらの結婚の見通しはどうであろうか。事業あるいは農業のいずれのための知識あるいは資本もなく、また毎日の労働によって生活資料をかせぐことになれてもおらず、できもしないため、かれらの唯一の逃避場所は、幸福な夕方（一家《いっか》団欒《だんらん》）というひじょうに魅力ある見通しをかれらの生活に確実にあたえることのない、みじめな居酒屋であるようにおもわれる。だから、大多数のものは、自分たちの将来の境遇にかんするこのこのましからぬ見こみにはばまれて、現状の独身のままでいることに満足する。

もしイングランドにおける社会状態のこの素描が真実にちかいものであるとすれば、そしてわたくしはそれが誇張されているとは考えないのであるが、この国において人口の予防的制限は、力はさまざまではあるが社会の全階級にわたって作用していることが、みとめられるであろう。おなじ考察が、すべてのふるい国家についてあてはまるであろう。実際、結婚にたいするこれらの抑制の効果は、その結果としての、世界のほとんどすべての地域でうみだされている諸悪徳、両性を脱出しがたい不幸にたえずまきこむ諸悪徳のうちに、きわめて顕著に見られるのである。

†1　ユリウス・カエサル Gaius Julius Caesar（前一〇二〜四四）は、ローマ史上最大の政治家、武将で、『ガリア戦記 De bello Gallico』その他の著述がある。

†2 デヴィド・ヒューム David Hume（一七一一〜七六）は、イギリスの道徳哲学者、社会科学者。エディンバラ大学に学び、フランス滞在後刊行した『人間本性論 A treatise of human nature』（一七三九〜四〇）が主著であるが、当時は好評をえられず、その後の著作によって名声をえた。そのうちの一つが、ここでマルサスの言及している「古代諸国民の人口 Of populousness of ancient nations」という論文をふくむ『政治論集 Political discourses』（一七五二）である。哲学的には、生得観念の否定、カントに影響したといわれる懐疑論、功利主義的傾向が有名である。なお、「古代諸国民の人口」の邦訳は、『市民の国について』上〈岩波文庫〉に収められている。

†3 ここは、第二版での最大の訂正箇所、すなわち第二版で追加される道徳的制限の観念の萌芽である。同様な指摘は、本訳書八二ページ、一〇五ページにもいえる〔ボナー注〕。

第五章

イングランドにおける人口の第二の制限、すなわち積極的制限の検討——イングランドにおいて貧民のために徴収された巨大な金額が、かれらの状態を改善しない真の理由——それ自体の目的をくじく救貧法の強力な傾向——貧民の困窮の緩和対策の提案——われわれの性質の固定した法則からして、欠乏の圧力が社会の下層諸階級から完全に除去されることの絶対に不可能なこと——人口にたいするすべての制限は、不幸あるいは悪徳に帰着する

人口増加にたいする積極的制限ということで、わたくしの意味するのは、すでにはじまっている増加を抑制する制限であるが、それはおそらく、社会のもっとも下層の諸階層だけではないが、おもにその諸階層にかぎられる。この制限は、わたくしがのべたもう一つのものほど、衆目にあきらかではないし、またその作用の力と範囲とを明確に立

証するためには、おそらく、われわれがもっているよりもさらにおおくの資料を必要とするであろう。しかし、毎年死んでいく子どもの数のうち、きわめて大部分は、ときおり苛酷《かこく》な困窮にさらされ、またおそらく不健康な住居とつらい労働とにしばりつけられているために、子どもたちに適当な食糧と注意とをはらうことができないとおもわれる人びとに属する子どもであることは、死亡表に注意した人びとによって、きわめて一般的にみとめられてきていると、わたくしは信じる。貧民の子どもたちのあいだでのこの死亡率は、たえず、すべての都市で注目されてきた。それはたしかに、同程度に農村にひろまってはいない。しかし、その問題はこれまでまだ、じゅうぶんな注目をうけたことがないので、農村においてさえ、貧民の子どもの死のほうが中流および上流階級の子どもの死よりも比率がかならずしもおおきくはないと、だれもいうことはできない。実際、六人の子どもをもち、ときとしてパンにまったくことかく労働者の妻が、生命を維持するに必要な食糧と注意とを子どもたちにつねにあたえることができるとは、想像することがむずかしいようにおもわれる。農民《ペザント》のむすことむすめたちは、物語でえがかれているようなばら色の天使とみとめられることは、実人生においてはないであろう。労働者のむすこたちがその成長をさまたげられ、成熟期に到達するのにながくかかりがちであることは、農村にながくすむ人びとにまちがいなくみとめられることである。あなたが十四あるいは十五歳と推定する少年たちは、きくと、十八あるいは十九歳とわかることがしばしばである。犂《すき》をうごかすのはたしかに健康的な運動であるにちがいないが、そうする若者たちが、脚にふくらはぎの見られるものはごくまれであり、これは、適当な栄養あるいはじゅうぶんな栄養のどちらかの不足にのみ原因が帰せられうる事情である。

一般の人びとのしばしばおちいる困窮を救済するために、イングランドの救貧法は制定されたのであるが、それは、個人の不幸の強度をすこし緩和したかもしれないけれども、もっとひろい地域に一般的害悪を伝播《でんぱ》したことが、憂慮されるべきである。イングランドにおいて毎年貧民のために徴収される巨大な金額にもかかわらず、なおまだかれらのあいだにははなはだしい困窮があることは、会話においてしばしばかたりはじめられ、つねにひじょうにおどろくべき問題としてのべられる主題である。あるものは、その金《かね》が私消されているにちがいないと考えている。他のものは、教区世話人および監督者がその大部分を晩餐《ばんさん》に消費していると考えている。それがどうも、はなはだ管理がわるいにちがいないと、すべてのものの意見が一致している。要するに、毎年貧民のために三〇〇万ポンドちかくが徴収されているが、それにもかかわらず、かれらの困窮は除去されないという事実は、たえざるおどろきのまととなっている。しかし、ものごとを表面下にわずかでもたちいって見る人は、もし事実が観察されるものとちがっているとすれば、あるいはまた、（収入）一ポンドあたり四シリングでなく一八シリングをひろく徴収することが事実をいちじるしくかえることとなるとすれば、さらにいっそうはなはだしくおどろくであろう。わたくしは、わたくしのいう意味を説明してくれるとおもわれる例をのべよう。

つぎのように仮定しよう。富者の寄付により、労働者が現在かせいでいる一日あたり一八ペンスが五シリングにあげられれば、おそらくかれらはそのとき、安楽にくらすことができ、毎日夕食に一きれの肉をたべるだろう、と想像されよう。しかしこのことは、ひじょうにあやまった結論であろう。一日に三シリング六ペンスがすべての労働者に譲渡されることは、この国の肉の量を増大させるものではないであろう。現在、すべてのものが相応のわけまえにあずかるだけの量はないのである。それではその結果はどうなるであろうか。肉市場における買手のあいだの競争が、急速に価格をポンドあたり六ペンスあるいは七ペンスから二ないし三シリングにあげ、そしてその商品が、現在以上におおくのもののあいだでわけられることはないであろう。商品が希少で、すべてのものに分配されえないばあい、もっとも有効な特許証をしめすことのできるもの、すなわちもっともおおくの貨幣を提供するものが、その所有者となるのである。もし肉の買手のあいだの競争がかなりながくつづいて、もっと多数の牛が毎年飼育されるようになると想定できるならば、このことは、穀物の犠牲においてのみおこなわれうるのであって、ひじょうに不利な交換であろう。なぜなら、そのとき、その国は同一の人口を扶養できないであろうことは、よくしられているからである。また、人口数に比して生活資料が希少なばあいには、社会の最下層の人びとが一八ペンスをもっているか、五シリングをもっているかは、重要ではない。どんなにしてもかれらは、もっともきりつめた衣食ともっともすくない物とで生活することを余儀なくされなければならない。

すべての商品の購買者数の増大は、生産的勤労に拍車をくわえ、そして島の全生産が増加するだろうと、おそらくいわれるであろう。このことは、ある程度、そうかもしれない。しかし、これらの想像上の富が人口にあたえる拍車は、それを相殺してあまりあり、増大した生産物は、その比率以上に増大した人口数のあいだで配分されなければならないであろう。この期間中すべて、以前と同一量の仕事がおこなわれるものと、わたくしは想定している。しかしこのことは、実際には生じないであろう。一日一八ペンスでなく五シリングをうけとることは、すべての人に比較的富裕だと空想させ、おおくの時間あるいは日数を安逸にふけることができると空想させるであろう。このことは、生産的勤労にたいして強力かつ巨大な制限をくわえるであろうし、短期間に、国民が貧困化するだけでなく、下層諸階級自身が、一日に一八ペンスしかうけとらなかったときよりもいっそう困窮するであろう。

富者から一ポンドあたり一八シリングを徴収することは、たとえもっとも公平な方法で配分されるにしても、ちょうどわたくしがおこなった想定の結果とほとんどおなじ効果しかないであろう。そして、とくに貨幣においての、富者のできうるかぎりのどんな貢納あるいは犠牲も、いささかのあいだでも、社会の下層のどんな人びとのあいだの困窮の再発をも、ふせぐことはできない。なるほど、おおきな変化が生じることはあるかもしれない。富者が貧者に、貧者のあるものが富者になるかもしれない。しかし、社会の一部分は、かならず生活の困難をかんじなければならないし、またこの困難は当然に、もっともしあわせのすくない人びとにふりかかるであろう。

貨幣によって、貧しい人をひきあげ、以前よりも生活の改善を可能にするには、おなじ階級の他の人びとをそれに応じただけおしさげることなしには、不可能であることは、一見すると奇妙におもわれるかもしれないが、真実であるとわたくしはおもう。もしわたくしが、わたくしの家で消費される食糧の量を削減して、けずっただけをかれにあたえれば、そのときわたくしは、おそらくそれにじゅうぶんにたえることのできるわたくし自身と家族以外の、だれもおしさげることなく、かれに利益をあたえる。もしわたくしが、一片の未耕地をたがやし、その生産物をかれにあたえれば、そのときわたくしは、かれと、社会の全成員の双方に利益をあたえる。なぜなら、かれが以前に消費していたもの、およびおそらくそれとともにあたらしい生産物のいくらかが、共通の資財《ストック》のなかにいれられるからである。しかし、国の生産が同一であると仮定して、もしわたくしがかれに貨幣をあたえるだけだとすれば、わたくしはかれに、以前よりもおおきい生産物のわけまえの権利をあたえるのであって、そのわけまえをかれは、他人のわけまえをへらすことなしにうけとることができない。この結果は、個人のばあいには、まったく感知しえないほどちいさいにちがいないことは、あきらかであるが、それでもなお、空気中にすむ昆虫のあるもののようにわれわれの粗雑な知覚をのがれる、他のおおくの結果と同様、それは存在するにちがいないのである。

いかなる国においても、食糧の量が多年にわたって同一のままであると仮定すれば、この食糧が各人の特許証[*1]の価値、すなわち、かれがきわめて一般にもとめられていることの商品に支出する余裕のある貨幣の額にしたがって、分配されなければならないことはあきらかである。それゆえ、ある一般の人びとの特許証の価値が、ある他の組の人びとの特許証の価値を減額することなしに、増大しえないことは、あきらかな真理である。もし富者が自分自身の食卓を削減することなく、寄付をし、五〇万人に一日五シリングをあたえることとなるとすれば、これらの人びとは当然もっと安楽に生活し、より多量の食糧を消費するであろうから、他のものがわけあうのこりの食糧はすくなくなるであろうこと、またしたがって、各人の特許証の価値は減額すること、すなわち、おなじ数量の銀はより少量の生活資料しか購買しないであろうことに、なんらうたがいは存在しえない。

それに応じた食糧の増加のない人口の増加は、各人の特許証の価値をひくめるという同様な効果を、あきらかにうみだすであろう。食糧は、必然的により少量ずつ分配されなければならず、したがって一日の労働は、より少量の食物しか購買しないであろう。食糧価格の騰貴は、生活資料よりもはやい人口の増加のためか、あるいは社会の貨幣の配分の変化のためか、そのいずれかのために生じるであろう。ながらく人の居住してきた国の食糧は、増加しつつあるとしても、ゆっくりと規則的に増加するものであり、突然の需要にこたえることができないものである。しかし、社会の貨幣の配分に変動が生じるのはまれでなく、われわれが食物価格に見るたえざる変動をひきおこす諸原因の一つであることは、うたがいない。

イングランドの諸救貧法は、以下の二つの方法によって貧民の一般的状態をおしさげる傾向がある。その第一のあきらかな傾向は、それ（人口）をささえる食糧を増加させることなく人口を増加させることである。貧民は、独立して家族を扶養することができる見通しを、ほとんど、あるいはまったくもたないで、結婚できるかもしれない。したがって、救貧法は、それが扶養する貧民をある程度つくりだすといわれてもよいであろう。そして、この国の食糧は、人口増加の結果、各人により少量ずつしか分配されないにちがいないから、教区の扶助にささえられない人びとの労働は、以前より少量の食糧しか購買せず、したがってかれらのうちのもっとおおくのものが、扶助を依頼するにいたるにちがいないことは、あきらかである。

　第二に、もっとも価値ある部分とは一般に考えられない社会の一部分によってワークハウス[†1]で消費される食物の量は、さもなければもっと勤勉な、またもっと価値のある成員のものとなったとおもわれるわけまえをへらし、またその結果、おなじやりかたで、よりおおくのものを他人にたよるようにさせる。ワークハウスにおける貧民が現在よりも生活がよくなるとすれば、社会の貨幣のこのあたらしい配分は、食料価格の騰貴をひきおこすことにより、ワークハウス外の人びとの状態をいっそういちじるしくおしさげる傾向があるであろう。

　イングランドにとってさいわいなことに、独立の精神はまだ農民層《ペザントリー》のあいだにのこっている。救貧法はこの精神を根絶するつよい傾向をもっている。それは部分的に成功してきているが、予期されたかもしれないように完全に成功していたならば、その有害な傾向はこれほどながくかくれてはいなかったであろう。

個人のばあいには苛酷におもわれるかもしれないけれども、他人にたよる貧困は不名誉と考えられるべきである。このような刺激は、人類の大多数の幸福を促進するために絶対に必要であるようにおもわれる。この刺激をよわめるすべての一般的こころみは、たとえその明瞭な意図がどれほど慈善的なものであっても、つねにみずからの目的をさまたげるであろう。もし労働者が独立して家族を扶養する見こみを、ほとんどあるいはまったくもたないで、教区の食物を期待して結婚する気になるとすれば、かれらは、ただたんに不当に、自分たち自身および子どもたちに、不幸と他人依存とをもたらそうとしているだけでなく、それとはしらずに、自分たちとおなじ階級のすべてのものに害をあたえる誘惑にかられているのである。家族を扶養することができなくて結婚する労働者は、ある点では、かれのすべての仲間にとっての敵と考えられてよいであろう。

イングランドの諸教区法が食料価格を騰貴させ、そして労働の実質価格をひくめるのにあずかって力があったことに、なんのうたがいもないと、わたくしはおもう。それゆえ、それは、労働しかもたない階級の人びとを貧困化するのにあずかって力があった。また小商人および小農業者においてしばしば顕著に見られる気質とはきわめて対照的な、貧民において見られる不注意と倹約の不足とをうみだすのに、それがあまりあずかっていないとは、考えにくいことである。卑俗な表現をもちいれば、貧しい労働者はつねにその日ぐらしで生活しているようにおもわれる。かれらの現在の困窮がかれらの注意のすべてをしめており、かれらはほとんど未来について考えない。かれらは、貯蓄する機会があるばあいでさえ、ほとんどそれをおこなわないで、現在の必要をこえるすべては、一般的にいえば、居酒屋にいってしまう。だからイングランドの救貧法は、一般民衆の貯蓄の力と意志とを減ずるし、またしたがって、節制と勤労、したがって幸福へのもっともつよい誘因の一つをよわめる、といってよいであろう。

高賃金はすべての労働者を破滅させるというのが、製造業主のあいだでの一般的な不満である。しかし、これら労働者は、不慮の事故のばあいに扶養を教区の扶助にたよることがなくなれば、高賃金の一部分を泥酔と浪費とについやして、家族の将来の扶養のために貯蓄しないとは、考えにくいのである。そして、製造工業に雇用される貧民が、かれらがかせぐ賃金のすべてを支出して、享楽できるあいだは享楽してよい理由にこの扶助を考えていることは、あるおおきな工場の倒産のさい、ただちに教区にかけこむ家族の数から、あきらかだとおもわれる。そのばあい、この工場が繁栄していたあいだ、そこでえられた賃金は、おそらくかれらがある他の勤労の道を見いだしうるまでかれらを扶養するにじゅうぶんたりるだけを貯蓄するゆとりをあたえたほど、一般の農村労働の価格をかなりうわまわっていたのである。

自分の死あるいは疾病のさいに妻と家族とを教区にゆだねなければならないという考慮からでは、たぶん居酒屋へゆくことをやめない労働者も、もしこれらのいずれかのばあいに、かれの家族が餓死するか、あるいは放置されて、たまさかのめぐみをささえにしなければならないことが理解されておれば、このように自分のかせぎを浪費することをためらうかもしれない。労働の名目価格だけでなく労働の実質価格もひじょうにひくい中国では、むすこたちはまだ、法律によりその老いた寄るべない両親を扶養することを義務づけられている。このような法がこの国において適当であるかどうかを、わたくしは決定するつもりはない。しかし、他人に依存する貧困をきわめて一般化する積極的制度により、最良のもっとも人間的な理由から、当然いだくべき屈辱感をよわめることは、すくなくともきわめて不当におもわれる。

怠惰と浪費とにたいするもっとも強力な障壁の一つがこうして除去され、また人びとがこうして独立して家族を維持することのできる見通しをほとんどあるいはまったくもたずに結婚する気になるばあい、一般の人びとのあいだの幸福の量は減少せざるをえない。結婚の途上におけるすべての障害は、うたがいもなく、一種の不幸と考えられなければならない。しかし、われわれの人間性の法則からして、人口増加にたいするある制限が存在しなければならないから、それ（人口増加）が奨励されて、のちに欠乏と疾病とによって抑止されなければならないよりは、家族（の扶養）にともなう諸困難の予見と、他人依存の貧困の恐怖とによって制限されるほうが、ましである。

　食糧と、原料が多量にある加工諸商品とのあいだには重大な相違のあることが、つねに注意されるべきである。これら後者の需要は、必要とされるだけの量をまちがいなく生産するであろう。食糧の需要はそれとおなじ生産力をけっしてもたない。すべての肥《ひ》沃《よく》な土地が占有されてしまっている国においては、農業者が数年間利益のあがる収穫を期待できない土地に施肥するよう奨励するためには、高額のものを提供する必要がある。そして、この種の農業的企業を奨励するにたりるほど、利益の見こみがおおきくなるまえに、またあたらしい生産物が成育しつつあるあいだに、生産物の不足によるおおきな困窮が生じるかもしれない。生活資料の量の増加にたいする需要は、ごくわずかな例外をのぞけば、どこにおいてもたえずあるが、しかし、ながらく人の居住してきたすべての国においては、その需要に応じられることがいかにゆっくりでしかないかを、われわれはしっている。

　イングランドの諸救貧法は、うたがいもなくもっとも慈善的な目的のために制度化されたものであったが、それらはその意図を成功させたことがないと考えるにたりる、おおきな理由がある。それらはさもなければ生じたかもしれないひじょうに苛酷な困窮のいくつかの例をたしかに緩和しているが、しかし教区によって扶養される貧民の状態は、このすべての事情を考慮すると、不幸から解放されているとはとてもいえない。しかし、それらの救貧法にたいするおもな反対論の一つは、貧民のあるものがうけているそれ自体多分にうたがわしい恩恵である扶助のために、イングランドの一般民衆の全階級が、国家構造の真の精神とまったく矛盾する、一組の不快な、不都合な、専制的な法に服従させられている、ということである。救貧施設の全事業は、改良された現状においてさえ、自由のすべての観念とまったく矛盾している。家族が教区扶助をうけるようになるとおもわれる男たち、および出産のちかい貧しい婦人たちに教区がうるさくつきまとうことは、もっとも不名誉な、嫌悪すべき圧制である。そしてこれらの法によって労働市場にたえずひきおこされる妨害は、扶助なしでみずからを扶養しようと苦闘している人びとの困難を増加させる、たえざる傾向をもっている。

救貧法にともなうこれらの諸害悪は、ある程度是正しがたいものである。もし扶助が一定階級の人びとに配分されることとなっているのならば、ただしい目的を識別し、必要な制度の業務を管理する権力が、どこかにあたえられなければならない。しかし、他人のことがらにたいするおおきな干渉はいかなるものでも、一種の圧制である。そして、通常の事態の推移にしたがえば、この権力の行使は、扶助をもとめることを余儀なくされた人びとにとって不愉快なものになることが予想されるであろう。治安判事、教区役員および監督官の専制は、貧民のあいだにおける一般的不満であるが、おそらく権力につく以前は他の人びとよりわるい人間ではなかったこれらの人びとには、あやまちはあまりないのであって、あやまちはこのような制度のすべての性格のうちにあるのである。

害悪はおそらく、是正されえないほどあまりにすすみすぎているが、もし諸救貧法がかつて存在しなかったとすれば、ひじょうに苛酷な困窮の事例がもうすこしおおくあったかもしれないけれども、しかし一般の人びとのあいだにおける幸福の総量は、現在よりはるかにおおきかったであろうと、わたくしは心のうちでうたがいなくおもう。

ピット氏の救貧法案は[†2]、慈善的意図をもってつくられている外見をもっており、それにたいして提出された反対論は、おおくの点で方向をあやまっており、不合理なものであった。しかし、その種のすべての制度がもつおおきな、根本的欠陥、すなわち人口をその扶養手段の増大なしに増加させ、そのため教区によって扶養されない人びとの（生活）状態をおしさげ、またしたがって、よりおおくの貧民をつくりだす傾向をそれが高度にもっていることが、みとめられなければならない。

社会の下層諸階級の欠乏を除去することは、じつに達成しがたい課題である。社会のこの部分にたいする困窮の圧力はきわめてふかく根をおろした害悪であるから、人間の能力がおよびえないというのが真実である。もしわたくしが一時的対策を提案するとすれば、そしてことがらの性質上、ありうるのは一時的対策だけであるが、まず第一に、それは現在のすべての教区法の完全な撤廃であるべきである。このことは、すくなくとも、イングランドの農民層に、現在かれらが所有しているとはいいがたい行動の自由をあたえるであろう。そうすれば、かれらは、もっと仕事が多量にあり、労働の価格がもっとたかいという見こみがあるところに、支障なく定着することができるであろう。そうすれば、労働市場は自由となり、また現在ではしばしばかなりの期間、価格が需要におうじて騰貴するのをさまたげている障害が除去されるであろう。

第二に、あたらしい土地の開墾に報償金があたえられ、製造工業以上に農業にたいして、また牧畜以上に農耕にたいして、できるかぎりのあらゆる奨励が提供されるのがよいであろう。農業労働が商業および製造工業の労働よりも給与がひくい原因をなしている、同業組合、徒弟制度などに関連するすべての制度を弱体化し破壊するために、あらゆる努力がはらわれるべきである。というのは、職人に有利なこれらの区別が存続するかぎり、一国は、その適当な量の食糧を生産することができないからである。農業にたいするこのような奨励は、健康的な仕事を市場に供給する量を増大させる傾向をもち、また同時に、その国の生産を増大させることにより、労働の相対価格を騰貴させ、労働者の状態を改善するであろう。いまや改善された状態にあり、教区扶助の見こみもないから、かれは、自分自身あるいは家族の疾病にそなえるための組織にはいる意志だけでなく能力をも、以前よりおおくもつであろう。

最後に、極度の困窮のばあいのために、王国全体にわたる租税によって維持され、すべての州およびさらにすべての民族の人びとが無料ではいれる州のワークハウスがつくられるのがよいであろう。食事は粗末であるべきであり、能力あるものは作業しなければならない。それらワークハウスは、ひじょうな困難のなかにあっての安楽な避難所を考えられるべきでなく、たんに苛酷な困窮がいくらか緩和される場所とだけ考えられるのがのぞましい。これらの建物の一部はなされるか、あるいは、べつの建物がたてられて、しばしば注目されてきたもっとも有益な目的、すなわち自国人であると外国人であるとをとわずいかなる人もいつでも一日の仕事をして、それにたいして市場価格をうけとれる場所を提供する目的に役だてるのがよいであろう。うたがいもなく、個人的慈善行為にまかされる事例もおおいであろう。

この種の計画は、イングランドの一般民衆のあいだにおける幸福の量を増大させるのにもっとも適しているようにおもわれるが、その準備として、すべての現在の教区法を廃止すべきである。不幸の再発を防止することを達成しようとむだな努力をして、われわれである。ものごとの性質上、不可能なことを達成しようとむだな努力をして、われわれはいま、可能な利益だけでなく、たしかな利益をも犠牲にしている。われわれは、一般民衆に、専制的法規に服していれば、けっして欠乏することはない、とつげる。かれらはこれらの法規に服従する。かれらは自分たちのがわの契約を遂行する。しかし、われわれは、われわれのがわの契約を遂行しない、いや遂行できないのである。したがって、貧民は自由という貴重な祝福を犠牲にし、それにひとしいといえるものをなにもそのかわりにうけとらない。

だから、イングランドの救貧法の制度にもかかわらず、都市と農村とにおける下層諸階級全体の状態を考慮すると、適当で、じゅうぶんな食糧の不足、困難な労働および不健康な住居のために、かれらがうけている困窮は、人口増加初期の積極的制限として作用していることが、みとめられるであろうと、わたくしはおもう。

人がながく居住するすべての国における、わたくしのいわゆる予防的制限と積極的制限という、人口にたいするこれら二つのおおきな制限に、婦人にかんする不道徳な習慣、大都市、不健康な製造工業、奢侈《しゃし》、疾病および戦争をくわえてよいであろう。

これらの制限のすべては、ただしく不幸と悪徳とにわけることができる。

そして、これらの制限が近代ヨーロッパのすべての国における人口のゆるやかな増加の真の原因であることは、これらの原因がかなりの程度除去されてきたところではどこでも、一様に生じた比較的急速な増加から、じゅうぶんにあきらかだとおもわれる。

＊1　ゴドウィン氏は、人が祖先からうけとる富を、ふるくさい特許証とよぶ。それが特許証と名づけられるのは、きわめてただしいと、わたくしはおもう。しかし、それはきわめて不断にもちいられているものだから、ふるくさいものとよぶことについては、わたくしはただしいとはおもわない。

†1　救貧法は元来、資本主義化にともなって出現した貧しい浮浪者を抑圧する意図でできたもので、浮浪者に労働を強制する施設がワークハウスであった。救貧院あるいは授産場と訳されることがあるが、慈善的なものではまったくなかった。

†2　ウィリアム・ピット William Pitt（一七五九〜一八〇六）は、同名の父で大ピットと称せられる人の次男で、小ピットと呼ばれる。二十四歳で首相となり、アメリカ独立戦争で疲弊した財政を整理し、フランス革命に対処した。首相の地位はかれの在任中に確立した。一七年におよぶ第一次内閣の一七九五年に、いわゆる「スピーナムランド・システム」(Speenhamland System) とよばれる救貧法改正案を国会に提出した。賃金が一定額に達し

ない労働者に扶助金をあたえ、ワークハウスに収容できる者の条件を緩和する趣旨のものであった。なお、本書第七章で言及されている救貧法案とは、ボナーの注によれば、一七九六年二月提案のものという。

第六章

新植民地――その急速な増加の理由――北アメリカ植民地――奥地定住地における異常な増加の例――ふるい国家でさえ、戦争、疾病、飢饉あるいは自然界の激動による荒廃から回復するさいのはやいこと

空間と食糧とが豊富にあった健全な国に定着した新植民地のすべてが、人口をおどろくべきはやさでたえず増加させたことは、一般にみとめられてきたことである。むかしのギリシアの植民地のあるものは、あまりながくない期間に、人口と勢力において母国に匹敵する以上になった。また、とおい例を詳論するまでもなく、新世界におけるヨーロッパ人定住地《セツルメント》は、その認識のただしさを豊富に立証しており、それは実際、うたがわれたことがないことを、わたくしはしっている。ほとんどあるいはまったく代償なしに入手されえた多量のゆたかな土地は、他のすべての障害を克服する強力な人口増加の原因である。メキシコ、ペルーおよびキトー[†1]におけるスペインの定住地ほど運営の粗雑で

あった定住地はない。母国の専制制度、迷信および悪徳が、植民地のあいだに多量に導入された。国王により巨額の租税が徴収された。その貿易にはもっとも恣意《しいてき》的な制限が課せられた。また総督たちは、自分の主人だけでなく自分自身のためにも搾取と略奪におくれてはいなかった。だが、これらすべての困難のもとにあっても、諸植民地は急速な人口増加をしめした。征服後に建設されたリマ市は、[†2]およそ五〇年まえに五万人の住民を擁していたと、ウロアによりのべられたことがある。インディアンの小村にすぎなかったキトーは、おなじ著者により、かれの時代にそれとおなじくらいの人口があったとのべられている。メキシコは、一〇万人の住民を擁するといわれるが、それは、スペイン人著作家たちの誇張であっても、モンテズマ[†3]の時代に擁していた人口の五倍だと考えられる。

ほぼ同様な専制制度により統治されていたブラジルのポルトガル植民地においては、ここ三〇年間にヨーロッパ系の住民が六〇万人になったと考えられていた。

オランダおよびフランスの諸植民地は、アダム・スミス博士がひじょうにただしくのべているように、考えられるあらゆる統治のうちで最悪の、独占的な商人会社の統治のもとにあるが、すべての不利な事情のもとでも依然として繁栄しつづけた。

しかし、イングランドの北アメリカ諸植民地、現在の強大なアメリカ合衆国国民は、さらにいっそう急速な進歩をとげた。かれらは、スペイン定住地およびポルトガル定住地と共通してもっていた豊富な肥沃土《ひよくど》にくわえて、いっそうおおきな程度の自由と平等とをもっていた。かれらは、外国貿易にかんして若干の制限がないわけではなかったけれども、かれら自身の内部問題を処理する完全な自由をゆるされていた。存在していた政治制度は、財産の譲渡および分配に好都合であった。一定期間以内に所有者が耕作しない土地は他のどんな人にでも貸与しなくてはいけないことが宣言された。ペンシルヴェニアには、長子相続権はなかったし、ニュー・イングランド諸州では、長男は二倍のわけまえをえただけであった。どの州にも十分の一税[†4]はなく、また租税はほとんどなかった。そして、肥沃な土地がいちじるしく安価なために、農業以上に資本が有利にもちいられるところはありえなかったが、農業は、健康的な仕事をもっとも多量に提供すると同時に、もっとも貴重な生産物を社会に供給するものなのである。

これら有利な諸事情が結合した結果は、おそらく歴史に類例のない増加のはやさであった。北部諸植民地すべてをつうじて、人口は、二五年間に倍加したことがわかった。一六四三年にニュー・イングランドの四州に定住した最初の人口は、二万一二〇〇人であった。[*1]その後、それら諸州に転入したものより、転出したもののほうがおおかった、と考えられる。一七六〇年には、諸州は五〇万人に増大した。だから、諸州は、このあいだに、人口を二五年で倍加させたのである。ニュー・ジャージーでは倍加期間は二二年、ロード・アイランドではもっとみじかいようにおもわれた。住民たちがもっぱら農業だけに従事し、奢侈がしられていなかった奥地定住地においては、一五年で人口を倍加させるという、増加のもっとも異常な例をしめしたことが、しられている。[*2] 当然、最初に人が定住した海岸ぞいでは、倍加期間は、およそ三五年であったし、また海港都市のあるものにおいては、人口は完全に停滞していた。

これらの事実は、人口はそれにたいする二つのおおきな制限すなわち不幸と悪徳とが除去されるのに正確に比例して増大すること、また、人びとの幸福と道徳的清浄とについては、かれらの増大の急速さほどただしい基準はないことをしめしているようにおもわれる。ある人びとがその事業の性質からやむをえずおしこめられている都市の不健全さは、一種の不幸と考えられなければならないし、また家族を扶養するのが困難であるという見こみからくる結婚にたいするどんなわずかな制限も、おなじ種類のものと分類されてさしつかえないであろう。要するに、ある種の不幸あるいは悪徳という分類にあてはまらない人口にたいするどんな制限も、考えることは困難である。

戦争まえのアメリカ一三州[†5]の人口は、およそ三〇〇万人とかぞえられていた。これらの数をうみだした、ちいさな母集団の移住のために、グレート・ブリテンは現在、人口がそれだけすくないとは、だれも想像しまい。その反対に、一定程度の移住は母国の人口に好都合であることがしられている。とくに、最大の人数の人びとがアメリカに移住したスペインの二つの州《プロヴィンス》は、その結果もっと人口稠密《ちゅうみつ》になったことが、注目されてきた。北アメリカ諸植民地でひじょうにはやく増大したブリテン移民の最初の数が、どれだけであったにせよ、おなじ期間に、グレート・ブリテンにおいて、ひとしい人数がひとしい増加をうみださないのは、なぜか、とたずねてみよう。指摘されるべきおおきな明瞭な理由は、空間と食糧との不足、すなわち換言すれば、不幸であり、そして、これが悪徳よりはるかに強力な理由であることは、ふるい国でさえ、戦争、疫病あるいは自然の偶発事の荒廃から回復するのがはやいことから、じゅうぶんにあきらかだとおもわれる。そうしたばあい、諸国はしばらくのあいだ、いくらかあたらしい国の状態にあり、またその結果はつねに、予想されるようなことにおちつく。もし住民の勤労が恐怖あるいは専制によって破壊されなければ、減少した人数の願望以上に生活資料はすぐに増大するであろうし、その不変の結果は、以前にはおそらくほとんど停滞的であった人口がただちに増大しはじめるだろう、ということのようにおもわれる。

ひじょうにしばしば、もっとも破壊的な戦争の場であった、地味ゆたかなフランダース地方《プロヴィンス》は、戦争終結後数年すると、つねに以前と同様の収穫をあげ、人口稠密な様相をしめした。パラチン領民[†6]でさえ、ルイ十四世の呪うべき略奪ののちに、ふたたびその頭をもたげた。一六六六年のロンドンのおそるべきペストの影響は、一五年あるいは二〇年ののちにはみとめられなかった。中国およびインドのもっとも破壊的な飢饉の痕跡は、どんな事情があっても、ひじょうにはやく消滅する。トルコおよびエジプトが、周期的に国を荒廃させる疫病のために、平均して人口がそれだけすくないかどうかは、うたがわれてよい。もしそれらの国がもっている人口数が以前よりも現在のほうがすくないとすれば、それはおそらく、疫病によってこうむる損失に原因をもとめるよりも、それらの国がそのもとであえいでいる政府の専制と圧政、およびその結果としての農業にたいする無策に、原因がもとめられるべきである。火山の爆発および地震のようなもっともおそるべき自然の激動は、もし住民を駆逐するほど、あるいはかれらの勤労の精神を破壊するほど頻繁に生じなければ、どんな国の平均人口にもごくわずかな影響しかあたえないものである。ナポリおよびヴェスヴィアス火山[†7]のふもとの国は、その山の爆発のくりかえしにもかかわらず、なおひじょうに人口がおおい。また、リスボンおよびリマは、現在ではおそらく人口にかんしては、最近の地震以前とほとんどおなじ状態である。

＊1　わたくしはこれらの諸事実を、プライス博士（a）の二巻本の『諸考察』からとった。かれが引用しているスタイルズ博士の小冊子をもっていないからである。

a　リチャード・プライス Richard Price（一七二三〜九一）は、非国教派牧師で、プリーストリらとともにイギリス急進主義を代表し、小生産者擁護、信教の自由、議会改革のために論陣を張った。『諸考察』というのは、*Observations on reversionary payments*, 1769. のことであり、かれはここで、名誉革命以後、都市の成長、国債増大などのために人口が減少してきたとして、重商主義を批判した。マルサスは『人口論』第二版においては、アメリカ植民地の人口増大をもっとくわしくあつかっているが、依然としてプライスを使用している。なお、『諸考察』の初版、第二版は一冊本であるから、マルサスがそれ以後の版本にたよったことはたしかである。

＊2　この種の事例においては、土地の力は、人間のしめすすべての食糧需要に応ずるのに完全に匹敵するとおもわれる。しかし、われわれが、もしそのことから、人口と食糧とは実際にはおなじ比率で増加すると考えるならば、あやまりに導かれるであろう。前者は依然として等比数列的であり、後者は等差数列的である、すなわち前者は乗法、後者は加法で増加する。人口がすくなく、肥沃土が多量にあるところでは、年々の食糧増加をうみだす土地の力は、おだやかな水流から補給をうけるおおきな貯水池にたとえることができよう。人口がはやく増加すればそれだけ水をくみだす人手がおおくなるであろうし、したがって、毎年くみとられる量は増加するであろう。しかし、うたがいもなく、貯水池はそれだけはやく涸渇《こかつ》し、水流がのこるだけとなるであろう。肥沃な土地がすこしずつしだいに占有されて、ついにはすべてが占有されると、毎年の食糧増加は、すでに所有されている土地の

改良によることになるであろうし、そしてこのおだやかな水流でさえ、しだいに減少していくであろう。しかし人口は、食糧を供給されうるならば、つきない活力をもって増加しようとするものであり、一時期の増加はつぎの時期のいっそうおおきな増加力をあたえ、そしてこのことになんの制限もないであろう（b）。

b　ここには収穫逓減の理論の萌芽がある〔ボナー注〕。

†1　エクアドルの首都。

†2　ペルーの首都。

†3　モンテズマ Montezuma II（一四六六～一五二〇。在位一五〇二～二〇）は、アステカ族のメキシコ王（第九代）。コルテスの侵入軍と戦って捕えられた。

†4　六世紀にはじまる教会税。教区民の収入の一〇分の一を徴収したが、家畜収益、勤労所得、土地収益などさまざまな種類があった。

†5　独立戦争（一七七五～八三）のこと。

†6　ドイツのライン河ぞいの、バイエルン州の一部。

†7　ヴェスヴィアス火山は、イタリア南部にある活火山。古来しばしば大噴火をなし、七九年にはポンペイの町を廃墟と化した。

第七章

伝染病の原因になりうるもの――ジュースミルヒ氏の表の抜粋――一定の、疫病流行の周期的到来が予想される――いかなる国でも短期間の出生と埋葬との比率は真の平均的人口増加の不適切な基準である――永久的人口増加の最良の基準――ひじょうにつつましい生活は中国およびインドの飢饉の原因の一つである――ピット氏の救貧法の一条項の有害な傾向――人口増加を奨励する唯一のただしい方法――諸国民の幸福の原因――飢饉は、自然が過剰な人口を抑制する最後のもっともおそろしい方法である――三つの命題は確立されたと考えられる

清潔にたいするおおきな注意によって、疫病はついに完全にロンドンから駆逐されたようにおもわれる。しかし、疫病の流行期および伝染病さえうみだす二次的な原因のう

ちに、密集した人口と不健全でふじゅうぶんな食糧とがふくめられるべきであると、いえなくはない。わたくしは、プライス博士がイングランドおよびウェールズの人口にかんする論争の追記にたいする注の一つに抜粋しているジュースミルヒ氏[†1]の表のいくつかをながめているうちに、この考えに導かれたのである。それらはきわめてただしいと考えられるし、またこのような表は、もし一般的であれば、いかなる国においても、人口が抑制され、生活資料をこえて増大しないようにするさまざまな方法に、おおきな光を投ずるであろう。わたくしはプライス博士のことばとともに表の一部を抜粋しよう。

プロシア王国およびリトアニア大公国[†2]

年平均	出生	埋葬	結婚	出生と結婚の比率	出生と埋葬の比率
一七〇二年までの一〇年	二一九六三	一四七一八	五九二八	三七対一〇	一五〇対一〇〇
一七一六年までの五年	二一六〇二	一一九八四	四九六八	三七対一〇	一八〇対一〇〇
一七五六年までの五年	二八三九二	一九一五四	五五九九	五〇対一〇	一四八対一〇〇

「注意。一七〇九年および一七一〇年には、疫病がこの国の住民二四七、七三三人をうばい、また一七三六年および一七三七年には、伝染病が蔓延《まんえん》して、ふたたび人口増

加を阻止した」

埋葬にたいする出生の比率が最大であったのは疫病大流行後の五年間であったことは、注目されてよいであろう。

ポメラニア公国[†3]

年平均	出生	埋葬	結婚	出生と結婚の比率	出生と埋葬の比率
一七〇二年までの六年	六五四〇	四六四七	一八一〇	三六対一〇	一四〇対一〇〇
一七〇八年までの六年	七四五五	四二〇八	一八七五	三九対一〇	一七七対一〇〇
一七二六年までの六年	八四三二	五六二七	二二三一	三九対一〇	一五〇対一〇〇
一七五六年までの四年	一二七六七	九二八一	二九五七	四三対一〇	一三七対一〇〇

「このばあい、あまり悪性の伝染病が（人口の）増加を一度もさまたげなかったので、住民は五六年間にほとんど二倍になったようにおもわれる。しかし最後の期間にすぐつづく〔一七五九年までの〕三年は、病気の流行した年であったから、出生は一〇、二二九に減少し、埋葬は一五、〇六八に上昇した」

このばあい、住民の数が、食糧およびかれらの健康を保持するのに必要な設備より急速に増加したということは、ありうることなのではないか。この想定のうえにたてば、多数の人びとの生活は困難化せざるをえないであろうし、一軒の家にもっとおおくの人数がむらがるであろう。また、これらのことが三年つづきの病気の流行をうみだした自然的原因のうちにかぞえられることは、たしかに不当ではない。これらの原因は、たとえその国が、絶対的な意味ではあまり人口が密集し稠密でなくても、このような結果をうみだすであろう。住民が希薄である国においてさえ、もっともおおくの食糧が生産されもっともおおくの家が建築されるまえに、もし人口増加が生じるならば、住民はある程度居所と食糧とにくるしまなければならない。もしイングランドにおいて、今後八年ないし一〇年間、結婚(生活)が通常より多産的になるとすれば、あるいはさらに、通常よりおおくの結婚がおこなわれるとすれば、家の数がおなじままと想定すると、一戸あたり五人ないし六人でなく、七人あるいは八人となるにちがいなく、またこのことは、生活の困難化の必然性にくわえて、おそらく一般の人びとの健康にひじょうに不都合な影響をおよぼすであろう。

ブランデンブルクのノイマルク地方[†4]

年平均	出生	埋葬	結婚	出生と結婚の比率	出生と埋葬の比率
一七〇一年までの五年	五四三三	三四八三	一四三六	三七対一〇	一五五対一〇〇
一七二六年までの五年	七〇一二	四二五四	一七一三	四〇対一〇	一六四対一〇〇
一七五六年までの五年	七九七八	五五六七	一八九一	四二対一〇	一四三対一〇〇

「一七三六年から一七四一年までの六年間、伝染病が流行し、（人口）増加を阻止した」

マクデブルク公国[†5]

年平均	出生	埋葬	結婚	出生と結婚の比率	出生と埋葬の比率
一七〇二年までの五年	六四三一	四一〇三	一六八一	三八対一〇	一五六対一〇〇
一七一七年までの五年	七五九〇	五三三五	二〇七六	三六対一〇	一四二対一〇〇
一七五六年までの五年	八八五〇	八〇六九	二二九三	四〇対一〇	一〇九対一〇〇

「一七三八年、一七四〇年、一七五〇年および一七五一年は、とくに病気がおおかっ

た」

この問題にかんするこれ以上の情報については、わたくしは読者に、ジュースミルヒ氏の表を参照されるようすすめる。わたくしがおこなった抜粋は、疫病流行期の、不規則だが周期的な回帰をしめすにたりるものであるし、また居所と食糧とのとぼしさがそれをひきおこしたおもな原因の一つであったことは、きわめてありうることにおもわれる。

これらの国は、ときおりの疫病流行期があったにもかかわらず、ふるい国にしてはかなりはやく人口を増加させつつあったことが、表からあきらかである。耕作が改善されつつあったにちがいなく、またしたがって結婚が奨励されたにちがいない。なぜなら、人口にたいする抑制因は、予防的性質のものというよりむしろ積極的性質のものであったようにおもわれるからである。いかなる国においても、ゆたかさがます見こみから、人口を抑制している重圧がある程度除去されるばあい、その運動は、最初にそれを始動させた原因の作用をこえて持続することが、きわめてよくある。あるいは、もっとくわしくいえば、一国の生産の増大と労働需要の増大とが、結婚を奨励するほど労働者の状態を改善するばあい、おそらく早期結婚の習慣は増大した生産物をこえてその国の人口が増加し、そして疫病流行期が自然かつ必然的な結果となることがあきらかになるまで、持続するとおもわれる。したがって、生活資料がときとして人口増加を奨励するにたりるほど増大するが、すべての人口の需要にこたえるにたりるほどではない国は、人口が平均生産量にもっと完全に適応できる国より周期的疫病流行に見舞われがちであろうと、わたくしはおもう。

いま一つの考察から、このことの逆もまた、真実であることがおそらくわかるであろう。周期的疫病に見舞われやすい国では、これらの時期の中間における人口増加すなわち埋葬をこえる出生の超過が、他の事情がおなじだとすると、このような混乱にあまり見舞われない国の通常よりも、おおきいであろう。もしトルコおよびエジプトで、周期的疫病の中間期の平均人口が過去一世紀間ほとんど停滞的であったとすれば、出生が埋葬をこえた比率は、フランスおよびイングランドのような国よりおおきかったにちがいない。

だから、いかなる国においても、五年あるいは一〇年という期間にわたる出生と埋葬の平均的比率は、その人口の真の進歩を判断するきわめて不適切な基準であることがわかるであろう。この比率はたしかに、それら五年あるいは一〇年間の増加比率をしめしはするが、われわれはそこから、それ以前の二〇年間の増加がどれだけであったか、あるいは以後二〇年間の増加がどれだけであるかをけっして推論することができない。プライス博士は、スウェーデン、ノルウェー、ロシアおよびナポリ王国（の人口）が急増しつつあることを観察しているが、かれがしめした記録の抜粋は、その事実を確証するにたりるじゅうぶんな期間にわたるものではない。しかし、スウェーデン、ノルウェーおよびロシアは、プライス博士が採用している短期間の埋葬にたいする出生の比率がしめすとおもわれる率でではないけれども、実際に人口を増加させつつあることは、きわめてありうることである。[*1] 一七七七年におわる五年間、ナポリ王国における出生の埋葬にたいする比率は、一四四対一〇〇であった。しかし、この比率は、その王国において一〇〇年の期間に生じたことがしられているよりはるかにおおきな増加をしめしているであろうと想像すべき理由がある。

ショート博士[†6]は、二つの時期のイングランドのおおくの村および市場都市の記録を比較した。第一は、エリザベス女王（その治世は一五五八〜一六〇三年）から前世紀のなかばまで、第二は、前世紀のすえのさまざまな年から現世紀のなかばまでである。そして、これら抜粋の比較から、前者の時期には出生は一二四対一〇〇の比率で埋葬を超過したが、後者においては、一一一対一〇〇の比率にすぎなかったことが、あきらかである。プライス博士は、まえの時期の記録は信頼できないと考えているが、おそらくこのばあいには、不正確な比率をしめしてはいない。すくなくとも、あとの時期よりもまえの時期のほうが埋葬をうわまわる出生の超過がおおきかったことを見いだせると考えられるおおくの理由がある。いかなる国の人口の自然的進歩においても、他の事情がおなじであれば、[*2]そのあとの段階でよりも初期の段階で、よりおおくの優良地が耕作にひきいれられるであろう。そして、年々のよりおおきな割合での生産物の増加は、ほとんどつねに、よりおおきな割合での人口増加をともなうであろう。しかし、埋葬をこえる出生の超過を、エリザベス女王治世のおわりごろのほうを現世紀のなかばよりも当然におおきくしたとおもわれる、このおおきな原因のほかに、わたくしは、前者の時期における疫病のときおりの暴威がこの比率をおおきくする若干の傾向をもっていたと、考えざるをえない。もしこのおそるべき混乱の周期の中間の、一〇年の平均がとられれば、あるいはもし、疫病の年が偶発的なものとしりぞけられるならば、記録はたしかに、埋葬をこえる出生の超過を真の人口増加の平均としてはあまりにたかいものとしたとおもわれる。とくにもし、一六六六年の疫病大流行後の数年間、埋葬をこえる出生の超過が通常よりおおかったということは、イングランドは現在よりも（名誉）革命〔それはわずか（疫病流行の年から）二二年後に生じた〕のときのほうが人口がおおかったという、プライス博士の見解が根拠のあるものであれば、ありうることである。

一六九三年にキング氏は[†7]、ロンドンをのぞく全王国の埋葬にたいする出生の比率を一一五対一〇〇とのべた。ショート博士は、現世紀のなかばに、ロンドンをふくめてそれを一一一対一〇〇としている。一七七四年におわる五年間のフランスにおける比率は、一一七対一〇〇であった。もしこれらの所説が真理にちかいのであれば、またもし特定の時期にその比率のおおきな変動がなければ、フランスおよびイングランドの人口はそれぞれの国の平均生産額にほぼ適応してきていることが、あきらかだとおもわれる。結婚にたいする障害、その結果としての悪習、戦争、奢侈《しゃし》、大都市および家屋密集地域の目だたないがたしかな人口減少および貧民のおおくの食糧不足は、生存手段以上に人口が増加しないようにしているのであり、また、たしかに一見して奇妙におもえる表現をもちいてよければ、おおきな暴威をふるう疫病が過剰なものを抑制する必然性にとってかわるものなのである。荒廃をひきおこす疫病がイングランドの二〇〇万人、およびフランスの六〇〇万人を一掃するとすれば、住民たちがおそろしい衝撃から回復したあと、埋葬にたいする出生の比率がどちらの国においても現在よりたかくなるだろうことに、なんのうたがいもありえない。

　ニュー・ジャージーでは、一七四三年におわる七年間を平均して出生の埋葬にたいする比率は、三〇〇対一〇〇であった。フランスおよびイングランドでは、最高の比率をとって、一一七対一〇〇である。この差はいちじるしく、おどろくにたりるけれども、われわれはそれを天の奇跡的配剤のせいにするほど、おどろいてはならない。その原因は、深遠、隠微、神妙なものではなく、われわれのちかく、われわれの周囲にあり、研究心のあるすべてのものの探究をうけいれるものなのである。神の力の直接の作用なしには、石は落ちることができず、植物は成育できないと想定することは、もっとも自由な哲学の精神と一致する。しかし、われわれは、自然とよぶもののこれらの作用はほとんどつねに一定の法則にしたがってはたらいていることを、経験からしっている。そして、世界がはじまって以来、人口の増減の原因はおそらく、われわれがしっている自然の法則のいかなるものともおなじく、恒常的なものであった。

両性間の情念は、いつの時代にもほぼおなじだとおもわれてきているから、それはつねに、代数の用語でいえば、所与の量と考えられてよいであろう。いかなる国においても生産あるいは獲得しうる食糧以上に人口が増加しないようにする必然性の偉大な法則は、われわれの目にきわめてうけいれやすい、われわれの理解にきわめてあきらかな、またすべての時代の経験によりきわめて完全に確認される法則であるから、われわれはそれをさしあたりうたがうことができない。自然が過剰人口を阻止あるいは抑制するためにとるさまざまな方法は、実際、われわれにはあまりたしかで規則的とは見えないが、しかし、われわれは、つねにその方法を予言できないとしても、たしかにその事実を予言することはできる。もし出生の埋葬にたいする比率が数年間、その国の生産物の増加あるいは獲得の比率をはるかにこえる人数の増加をしめすならば、われわれは、もし移民が生じなければまもなく死が出生をうわまわるだろうこと、また、数年間に生じた増加はその国の人口の真の平均的増加ではありえないことを完全に確信することができる。他に人口を減少させる原因がなければ、すべての国は、うたがいもなく、周期的疫病あるいは飢饉に見舞われるであろう。

いかなる国においても人口の真実かつ恒久的増加の唯一の真の基準は、生存手段の増大である。しかしこの基準でさえ、あるわずかな変動にしたがうが、この変動は完全にわれわれの観察と考察の可能なものである。若干の国においては、人口増加が強制されたことがあるようにおもわれる。すなわち、人びとは、ほとんど最小限度の食糧で生活することにしだいにならされてきている。このような国には、生存手段の増加ないし人口が永続的に増加した時期があったにちがいない。中国はこの分類にあてはまるとおもわれる。もしわれわれがもっている説明が信頼できるものであれば、下層諸階級の人びとは、ほとんど最小限度の食糧で生活する習慣であり、ヨーロッパの労働者ならばたべるよりはむしろ餓死したくなるような腐肉をよろこんでたべている。両親にその子どもを遺棄することをゆるす中国の法は、こうしておもに人口増加を強制するかたむきがあった。こうした状態の国民は、必然的に飢饉に見舞われやすいにちがいない。ある国が生存手段に比して人口があまりにおおく、そのためその国の平均生産量が住民の生命をかろうじて扶養するにたりるにすぎないばあい、不作の季節にもとづく穀物不足は致命的とならざるをえない。ゲントゥー人の生活習慣におけるきわめてつつましやかな態度が、ある程度インドの飢饉の原因となっていることは、考えられることである。

労働の報酬が現在かなり気まえよく支払われているアメリカでは、下層諸階級は、不作の年に物質的には困窮しないで、かなりいちじるしく消費を削減できるかもしれない。したがって飢饉はほとんど不可能におもわれる。アメリカの人口が増加するうちに、労働者はやがてあまり気まえよく報酬をあたえられなくなることが、予想されるであろう。このばあい、人口数は、生存手段の比例的増加なしに、永続的に増加するであろう。

ヨーロッパのさまざまな国には、それぞれの国に支配的なさまざまな生活習慣から生じる、住民の数と消費される食糧の量とのあいだの比率の差が、いくつかあるにちがいない。イングランド南部の労働者たちは、上等の小麦パンをたべる習慣であるから、スコットランド農民のような生活におちいるばあい、そのまえになかば餓死の苦悩をなめるであろう。かれらは、おそらく時のたつうちに、必然の苛酷《かこく》な法則の不断の作用により、下層中国人と同様な生活にさえおちることがあるかもしれない。そのばあい、この国は、同量の食糧でもって、よりおおくの人口を扶養するであろう。しかし、このことを実現するのは、もっとも困難な、そしてすべての人間性を愛する人がのぞむところであるが、つねにむだなこころみでなければならない。人口増加にあたえられる奨励を耳にすることほど、ありふれたことはない。もし人類の増加傾向がわたくしののべた程度であるとすれば、このようにくりかえしよびもとめる声のある時期にこの増加があらわれないのは、奇妙におもわれるかもしれない。その真の理由は、人口増加の要求がそれを扶養するに必要な基金を準備することなく、なされるということである。耕作を促進することによって農業労働にたいする需要を増大させ、またしたがって、それとともにその国の生産を増大させ、そして労働者の状態を改善すれば、人口の比例的増加についてどんな懸念もいだかれる必要がないのである。べつなどんな方法ででも、この目的を達しようとするこころみは、有害、残酷かつ専制的であり、またしたがって、自由が寛容されているいかなる国においても成功することができない。人口増加を強制し、そのことにより労働の価格としたがって海軍および陸軍の費用および国外販売むけ製造工業の原価をさげることは、支配者の利益であり、また国家の富となるとおもわれるかもしれない。しかしこの種のすべてのこころみは、とくにそれが慈善という欺瞞的《ぎまんてき》なよそおいのもとにあらわれて、そのために一般の人びとによってよろこんで心からうけいれられそうなばあいには、貧民の味方により、注意ぶかく検討され、強固に反対されるべきである。

　すべての労働者に、かれのもつ三人をこえる子ども一人につき週一シリングをあたえるというピット氏の救貧法のあの条項に、まったくなんの悪意もないとわたくしはおもう。わたくしは告白するが、その法案が議会に提出[†8]されるまえ、またその後しばらく、このような規則はきわめて有益だろうと考えたのであったが、その問題をさらにいっそう研究して、もしそれの目的が貧民の状態を改善することであるとすれば、それは意図している目的そのものを破壊するようにできていることをわたくしは確信したのである。わたくしはそれが、この国の生産物を増大させる傾向をもっているとはおもえないし、またもしそれが、生産物を増大させることなく人口を増加させる傾向をもっているならば、その必然的で不可避的な結果は、おなじ生産物がよりおおくの人数のあいだで分割されねばならず、またしたがって一日の労働はよりすくない量の食糧しか購入しないだろうし、したがって貧民は一般にくるしみを増大させなければならない、ということのようにおもわれる。

　わたくしは、生存手段の比例的増加なしに人口が永続的に増加しうる若干の事例をのべた。しかし、さまざまな国における、食糧とそれにより扶養される人数とのあいだの差は、こえることのできない限界に限定されていることは、あきらかである。人口が絶対的に減少しつつあるわけではないすべての国において、食糧はかならず、労働者という人種を扶養し存続させるにじゅうぶんでなければならない。

他の事情がおなじであれば、諸国は、生産する人間の食糧の量におうじて人口があり、またその食糧が配分される気まえのよさ、すなわち一日の労働が購買する量におうじて幸福であることは、確信されうるであろう。小麦産出国は畜産国より人口がおおく、また米産出国は小麦産出国より人口がおおい。イングランドの土地は米には適していないが、ジャガイモを生産する。アダム・スミス博士が考察しているのだが、もしジャガイモが一般民衆の好物の野菜食品となるならば、またもしいま小麦耕作にもちいられているのと同量の土地がその耕作にもちいられるならば、この国は、はるかにおおくの人口を扶養できるであろうし、したがってひじょうに短期間にそれだけの人口を有するようになるであろう。

一国の幸福は、その国が貧しいか富裕であるか、わかいかふるいか、その人口密度が薄いか濃いかに依存するものではまったくなく、人口が増加するはやさ、食糧の毎年の増加が無制限な人口の毎年の増加に接近している程度によるものである。この接近はつねに、あたらしい国家の肥沃《ひよく》な、占有するもののない土地に、ふるい国家の知識と勤労がもちいられる、あたらしい植民地においてもっともいちじるしい。他のばあいには、国家の年齢の老若は、この点ではあまり重要ではない。グレート・ブリテンの食糧は現在、二〇〇〇年、三〇〇〇年あるいは四〇〇〇年まえとおなじ程度の量が住民に配分されているとおもわれる。また、スコットランド高地地方の貧しく住民のすくない地域は、ゆたかで人口のおおいフランダース地方と同程度に、過剰人口になやんでいると信ずべき理由がある。

ある国が技術のいっそう進歩している国民によって蹂躙《じゅうりん》されることがなく、文明の自然な進歩にゆだねられるならば、その生産物が一単位と考えられる時代から一〇〇万単位と考えられる時代にいたるまでの多年の経過のあいだに、人びとの大多数が、直接にしろ間接にしろ、食糧の不足による困窮から解放されていたといわれうる時期は一時期もないであろう。ヨーロッパのすべての国家で、われわれがはじめてその記録をもつようになってから、きわめておおくの人間がこの単純な理由によって抑制されたのである。もっとも、おそらくそれらの国家のうちのあるものでは、絶対的な飢餓はしられていないけれども。

飢饉は、自然の最後のもっともおそるべき手段である。人口の力は、人間の生存手段を生産する土地の力よりはるかにまさっているから、早死がなんらかのかたちで人類をおとずれなければならない。人類の諸悪徳は、人口減少の積極的かつ有能な使臣である。それらは破壊の大軍の先駆であり、またしばしば、それらだけでおそるべき仕事を完了する。しかし、もしそれらがこの絶滅戦に失敗するならば、疫病の季節、流行病、伝染病および災厄が、おそろしい陣容で前進し、数千数万人を一掃する。成功がなお不完全であるならば、巨大な不可避的な飢饉が最後に横行し、強力な一撃をもって、人口を世界の食糧と同水準にする。

そうだとすれば、人類の歴史を注意ぶかく検討する人によって、人間が存在してきた、あるいは現に存在しているすべての時代およびすべての国において、つぎのことが認識されるに相違ないのではないだろうか。

人口の増加は必然的に生存手段により制限されること。

生存手段が増加するばあいには人口はまちがいなく増加すること。そして——

不幸と悪徳とにより、人口の優越する力は抑制され、現実の人口は生存手段とひとしくさせられること。

＊1　プライス博士『諸考察』第二巻、イングランドおよびウェールズの人口にかんする論争へ

のあとがきをみよ。

＊2　わたくしは、他の事情がおなじであればという。なぜなら、ある国の生産物の増加はつねに、支配的な勤労の精神とそれが指導される方法にはなはだしく依存しているであろうからである。国民の知識と習慣および他の一時的原因、とくにそのとき存在する市民的自由と平等との程度が、つねにこの精神を鼓舞し指導するのにおおきな影響をもつにちがいない。

†1　ヨハン・ペーター・ジュースミルヒ Johann Peter Süssmilch（一七〇七〜六七）は、ドイツの統計学者。はじめ医学等を学び、のち神学に興味をおぼえて第一次シュレジエン戦争に牧師として出動し、陣中で主著『神の秩序 Die göttliche Ordnung in den Veränderungen des menschlichen Geschlechts』（一七四一）を書いた。

†2　現在のベラルーシやリトアニアを含む、バルト海から黒海に及ぶ広い領土を有した大国。

†3　バルト海沿岸にあった公国。現在のポーランドとドイツの一部にあたる。

†4　現在のポーランドとドイツの一部にあたる地域。

†5　十八世紀にはプロシア王国領だった公国。現在のドイツ北部にあたる。

†6　トマス・ショート Thomas Short（一六九〇ころ〜一七七二）は、イギリスの統計学者。死亡表、余命表を研究し、プライスの先駆者であった。

†7　グレゴリ・キング Gregory King（一六四八〜一七一二）は、キングの法則で著名な統計学者。ペティの後継者。

†8　八三ページ†2参照。

第八章

ウォーレス氏――人口から生じる困難はひじょうにとおい将来のことだと考えることのあやまり――人間精神の進歩にかんするコンドルセ氏の素描――コンドルセ氏によりのべられた振動が人類に適用さるべき時期

人類の過去および現在の状態の考察から、前述の明白な見解をひきだす人にとって、人間と社会との完成可能性の全著作家が、過剰人口の論議に注目したさい、それをつねにひじょうに手がるに扱い、またいつも、それから生じる困難をほとんどはかりえないとおい将来のことと考えているのは、おどろくべきことでしかない。この論議がその平等の全体系を破壊するほど重要だと考えたウォーレス氏でさえ、全地球が菜園のように耕作され、生産の増加はこれ以上不可能だということになるまで、この原因からなんらかの困難が生じるとは、おもわなかったようにかんじられる。このこと（困難がとおい将来のことだとすること）が本当のことであり、またうつくしい平等の制度がその他の点で実行可能であるとするならば、わたくしには、このような計画を追求するわれわれの熱意がそんなにとおい将来の困難を考えることでくじかれてしまうとはおもわれない。このようにとおい将来のことは、神慮にゆだねてさしつかえないであろう。しかし本当は、この論述のうちにしめされた見解がもしただしければ、困難はとおいどころか、緊急にさしせまったことなのである。現在から全地球が菜園のようになる時代にいたるまでの、耕作の進行過程のあらゆる時期に、食糧の欠乏による困窮は、もしかれらが平等であれば全人類にたえずのしかかるであろう。地球の生産物は毎年増大するであろうけれども、人口はそれ以上にはやく増加するであろう。そして、過剰なものは必然的に不幸または悪徳の周期的あるいは不断の作用により、抑制されなければならない。

コンドルセ氏の『人類精神進歩の歴史の素描』は、かれが死ぬことでおわった苛酷《かこく》な迫害の圧力のもとで書かれた、といわれる。もしかれに、その書物がかれの生存中に読まれて、かれのおもいどおりにフランスに寄与するというのぞみがなかったのだとすれば、それは、日常経験がきっぱりと否認している原理に固執した人間の特異な例である。世界のもっとも開明的な国民の一つにおいて、しかも数千年が経過したのちに、もっとも野蛮な時代におけるもっとも未開な国民が不名誉におもったであろうと考えられるような、嫌悪すべき情念、恐怖、残酷、悪意、復讐《ふくしゅう》、野心、狂気および愚劣の発酵によって、人間精神が堕落しているのを見ることは、人間精神の必然的かつ不可避的な進歩にかんするかれの思想にとっては、きわめておおきな衝撃であったにちがいなく、いかなる情況にあったとしても、自分の原理のただしさについてのもっとも確固とした信念のほかは、それにたえることができるものはなにもなかったであろう。

この遺著は、かれがしあげることを意図していたもっとおおきな著作の素描にすぎない。したがってそれは、なんらかの理論のただしさを立証することのできる詳論と応用とを必然的に欠いている。その理論が、想像の状態でなく現実の状態に適用されるばあい、いかにまったく矛盾しているかをしめすには、ほんのわずかな考察でたりるであろう。

完成の方向への人間の将来の進歩をあつかっているこの著作の最後の部分で、かれはつぎのようにいう。ヨーロッパのさまざまな文明諸国民において、現実の人口を領域のひろさと比較し、またかれらの耕作、勤労、分業、および生存手段を観察すると、われわれは、勤労することのほかに欲望をみたす手段を他にもたないおおくの個人がなければ、同量の生存手段と、したがってまた同量の人口を維持することができないことがわかる、と。このような階級の人間の（存在の）必然性をみとめ、またそのあとで家長の生命と健康とに完全に依存する家族の不安定な収入に言及して、[*1] かれはきわめて正当につぎのようにいう。「だから、われわれの社会のもっとも多数で活動的な階級をたえまなくおびやかしている不平等、従属、および不幸でさえ必然的な理由が存在するのである」。困難は、ただしく、じゅうぶんにのべられているが、かれの提唱しているそれを除去すべき方法は効力のないことがわかるであろうと、わたくしはおもう。余命率と貨幣利子との計算をおこなうことにより、かれは、ある基金が設立されるべきことを提唱している。その基金は、老人に扶助を保障すべきものであって、一部分は各人の以前の貯蓄により、また一部分はおなじ犠牲をはらいながらその利益をうけとるまえに死んだ個人の貯蓄により、つくられるものである。おなじ基金あるいは類似の基金は、夫あるいは父をうしなった、婦人および子どもに扶助をあたえ、またあたらしい家庭を創建する年齢になったものに、かれらの勤労のただしい発展のためにじゅうぶんな資本を提供すべきである。これらの制度は、社会の名において、またその保護のもとでつくられるのがよいと、かれはいう。さらにすすんで、かれはいう。計算のただしいしかたによって、信用が大財産家の排他的特権となることを防止し、しかもそれに、おなじような堅固な基礎をあたえ、また勤労の進歩と商業の活動とを大資本家に依存しないようにして、平等の状態をいっそう完全に維持する手段が見いだされうる、と。

このような制度と計算とは、紙のうえでは将来きわめて有望におもわれるかもしれないが、実生活に適用されると、完全に無力であることがわかるであろう。コンドルセ氏は、勤労によってのみ自己を扶養する階級の人びとがどんな状態においても必要であることをみとめている。かれがこのことをみとめるのはなぜか。増加した人口のための生活資料を獲得するのに必要な労働は、必要という刺激なしにはおこなわれないとかれが考えているということのほかに、他の理由をあげることはできない。もしこの種の制度によって、勤労にたいするこの拍車が除去されるならば、もしなまけ者が信用と妻および家族の将来の扶養とにかんして活動的で勤勉なものとおなじ立場におかれるならば、現在公共の繁栄の主要発条となっている、あの境遇改善の活発な活動を人びとが発揮するのが見られると、われわれは期待しえようか。もし各個人の請求を検討し、かれが全力をつくしたかどうかを判定し、それにしたがって扶助を認定あるいは否認する審判所が設置されるとすれば、このことは、より大規模なイングランド救貧法のくりかえしにほかならず、自由と平等という真の原理に完全に破壊的であるだろう。

しかし、これらの制度にたいするこのおおきな反対論をべつにし、またそれらの制度が生産的勤労になんの障害もあたえないとさしあたり想定しても、なおもっとおおきい困難がのこる。

もしすべての人間が家族を安楽に扶養する確信があれば、ほとんどすべての人間が家族をもつであろう。また未来の世代が不幸という「殺人的圧迫」からまぬがれているならば、人口は急速に増加するにちがいない。このことを、コンドルセ氏はじゅうぶんに自覚していたようにおもわれ、その後のさらにいっそうの進歩についてのべたのちにいう。

「しかし、勤労と幸福とのこの進歩のなかで、世代ごとに享楽はいっそう増大し、したがって人間のからだの身体構造により、人間の数は増加に導かれるであろう。そうだとすれば、ともに必然的なこれらの法則が相互に衝突する時期がこなければならぬのではないだろうか。人間の数の増加が生存手段をこえるばあい、その必然的結果は、幸福および人口の持続的減少、つまり真の後退運動か、あるいはすくなくとも、善と悪とのあいだの一種の振動のいずれかであるにちがいない。この時期に到達した社会では、この振動は、周期的な不幸をひきおこす原因として、たえず存在するのではないだろうか。それは、それ以上のすべての改善が不可能になる限界をしめしており、また時の経過のうちに到達するかもしれないがけっしてこえることのできない、人類の完成可能性の極限を指摘しているのではないだろうか」

さらに、かれはつけくわえる。

「このような時期がわれわれからいかにとおくへだたっているかを理解しないものはいない。しかし、われわれはいったいその時期に到達するのだろうか。われわれがいまほとんど考えることのできないような進歩を人類が達成した時代でなければおこりえない事件の将来の実現について、その可否をいうことは不可能である」

人間の数が生存手段をこえるときにおこると予想されることについてのコンドルセ氏の描写はただしく書かれている。かれがのべている振動はたしかに生じるであろうし、またうたがいもなく、周期的な不幸をひきおこす原因としてたえず存在するであろう。この描写にかんしてコンドルセ氏とわたくしとが意見をことにする唯一の点は、それが人類におこる時期である。それは、きわめてとおい時代でなければおそらくおこりえないと、コンドルセ氏は考えている。わたくしがしめした、人口と食糧との自然的増加の比率が、もしいくらかでも真理にちかければ、逆に、人間の数が生存手段をこえる時期はすでにずっと以前に到来しているのであり、またこの必然的な振動、この周期的不幸をひきおこす、不断に作用する原因は、人類の歴史がはじまって以来つねに存在したし、現在も存在し、そしてわれわれの自然な身体構造にある決定的変化が生じなければ、永遠に存在しつづけるであろう、とおもわれる。

しかし、コンドルセ氏は、なおさらに、かれがひじょうにとおいと考えているその時期が到来したばあい、人類および人間の完成可能性の擁護者たちは、それにおどろくにおよばないという。それからかれは、ある方法で困難を除去しようとするが、わたくしはその方法を理解できないことを告白する。迷信という不合理な偏見はそのときまでに腐敗堕落した禁欲を道徳におしつけることをやめているだろうとのべて、かれは、繁殖を防止するとおもわれる乱交あるいはその他の不自然なことをほのめかしている。きっとおおくの人の意見では、この方法で困難を除去することは、平等と人間の完成可能性との擁護者が自分たちの見解の目的かつ対象であると公言している、あの徳性と作法の純粋性とを破壊することとなるであろう。

＊1　時間とながい引用をはぶくために、わたくしはここで、コンドルセ氏の見解の若干の内容をしめすつもりであるが、それをあやまりつたえないようにのぞんでいる。しかし、わたくしは読者にその著作そのものを参照されるようすすめる。それは、読者を確信させないとしても、興味をそそるであろう。

第九章

人間の有機的完成可能性と人間生命の無制限の延長とにかんするコンドルセ氏の推論——動物の飼育と植物の栽培とにより例示される、限界が確定されえない部分的改良から、無限の進歩を推論する論議の誤謬

コンドルセ氏が検討を提唱している最後の問題は、人間の有機的完成可能性である。かれはつぎのようにいう、人間が現在もっているのとおなじ自然的能力とおなじ身体組織を想定したばあいでも、すでにしめされた証拠、またそれの展開につれてその作用がいっそう強力になる証拠が、もし人間の無限の完成可能性を立証するにたりているとすれば、この組織、これらの自然的能力そのものが改善をうけいれうるばあい、われわれの希望の確実性はどんなものであり、その程度はどんなものであろうか、と。

医薬の改良、もっと有益な食糧および住居の使用、過労によってそこなうことなく運

動によって身体の力を増進させる生活方法、貧困および過大な富という人間の堕落の二大原因の廃絶、理性および社会秩序の進歩によっていっそう効力の増大した身体知識の改善による遺伝病および伝染病の漸次的除去、これらのことから、かれは、人間は絶対的に不死になることはないだろうけれども、人間の誕生と死とのあいだの期間はたえず増大し、きまった終期をもたなくなり、無制限《インデフィニート》ということばで表現されてさしつかえなくなるであろう、と推論している。だからかれは、このことばを、無限の領域に到達することはないがたえずそれに接近すること、あるいは列挙できるどんな数量よりもおおきいほどに年齢がいちじるしく増大することを意味するものと定義している。

しかし、これらのうちのいずれの意味においてでも、このことばを人間の生命の寿命にたいしてもちいることは、たしかにきわめて非学問的であり、自然法則のどんな現象によってもまったく是認されない。さまざまな原因による変化は、規則的で後退のない増大とは根本的にことなる。人間生命の平均寿命は、一定程度まで、健康にとっての気候の適否、食物の良否、習俗の徳性上の善悪およびその他の原因によって、ちがうであろうが、われわれがはじめていくらかでも信用できる人間の歴史をもって以来、人間の生命の自然的寿命に、わずかでも延長が本当にみとめられるかどうかは、かなりうたがわしいであろう。あらゆる時代の先入見は、実際にはこの想定と正反対であったし、またわたくしはあまりこれらの先入見を強調するつもりはないけれども、それらはそれと反対の方向への目だった延長はなかったことをある程度立証する傾向があるようにおもわれる。

世界はまだひじょうにわかく、完全に幼児期にあるのだから、そんなにはやくなんらかのちがいが目だつことは期待されるべきではない、とおそらくいわれるかもしれない。

もしこのことが事実だとすれば、ただちにすべての人間科学はおわりである。結果から原因にいたる推理の全連鎖は破壊されるであろう。自然という書物はもはや読む効用がないのであるから、われわれはそれに目を閉じてよいであろう。もっとも粗野で不確実な推論が、注意ぶかくくりかえされた実験にもとづくもっとも正当かつ崇高な理論とおなじ確実性をもつものとして提出されてよいであろう。われわれはふたたび、ふるい思惟様式にもどって、事実のうえに体系をたてるのでなく、体系にあわせて事実をゆがめてよいであろう。ニュートンの雄大かつ首尾一貫した理論は、デカルトの粗野かつ奇《き》矯《きょう》な仮説とおなじ立場におかれるであろう。要するに、自然法則がこのようにあやふやなものであり、不変のものでないとすれば、もしそれらの自然法則がいつの時代にも不変だとおもわれてきたのに将来は変化することが確証され確信されうるのだとすれば、人間精神は、研究への刺激をもはやもたなくなり、無気力な活動停止にとどまるか、あっけにとられるような夢と途方もない空想のうちでみずからをなぐさめるよりほかないのである。

自然の諸法則と因果の諸法則との不変性は、すべての人間知識の基礎である。もっとも、わたくしは、自然の諸法則をつくりうごかしているそのおなじ力が、「一瞬のうちに、目ばたきのうちに」それらすべてを変化させることはない、というのではない。このような変化は、うたがいもなくおこることがあるであろう。わたくしがいいたいことはただ、推理からそれを推論できないということだけである。もし変化の事前に観察可能な徴候あるいは示唆なしに、ある変化がおこるだろうと推論できるならば、われわれは、どんな主張をしてもさしつかえないであろうし、月があす地球と衝突すると主張して反対されても、太陽が通常の時間にのぼるとのべて反対されるのと同様に、不合理であると考えてよいであろう。

人間の生命の寿命にかんしては、世界のもっとも初期の時代から現代にいたるまで、しだいに延長しているというごくわずかな恒常的徴候あるいは示唆でさえ、あったようにおもわれない。[*1] 生命のながさについて、気候、習慣、食事およびその他の原因の観察可能な結果が、その無限の延長を主張する口実を提供した。その論議が依拠する不安定な根拠は、人間の生命の限界は規定できないから、つまり、あなたはその厳密な期限をつけることができず、正確にどこまでのびてそれ以上はのびないといえないから、したがってその範囲は永久に増大できるし、また無制限あるいは無限とただしくのべることができる、ということである。しかし、この論議の誤謬《ごびゅう》および不合理は、コンドルセ氏が、動物および植物の有機的な完成可能性あるいは退化とよんでいるもののほんのわずかな検討からじゅうぶんにあきらかとなるはずであって、その完成可能性あるいは退化は、自然の諸法則の一つと見なされてよいと、かれはのべている。

家畜の改良家のあいだでは、あなたはあなたの気にいるどんな程度のすばらしさにでもそだてることができる、ということが格言になっていると、わたくしはきいているが、かれらはこの格言の根拠をべつの格言、すなわち子のなかには親のこのましい素質を親よりもたくさんもっているものがある、というべつの格言においている。有名なレスターシャーの羊飼育において、目的は、ちいさな頭とちいさな脚の羊をえることである。これらの飼育の格言にもとづいてすすめば、われわれは頭と脚とがほとんど消滅するまでに達するかもしれないことはあきらかである。しかし、このことはあまりにあきらかな不合理であるから、われわれは、前提がただしくないこと、そしてわれわれはそれを認識することもできなければ、あるいはそれがどこであるかを正確にいうこともできないけれども、実際には限界があることをまったく確信してよいであろう。このばあい、改良の最大程度の頂点、すなわち頭および脚の最小の寸法は、規定されえないといってよいが、このことは、そのことばのコンドルセ氏の意味での無限、あるいは無制限《インデフィニト》とはいちじるしくちがうのである。わたくしはいま、改良の進歩が停止する限界をしるすことはできないけれども、それが到達できない点をきわめて容易にのべることができる。飼育が永久につづいても、これらの羊の頭と脚とは、鼠の頭と脚ほどちいさくなることはけっしてないと、わたくしは主張することをためらわない。

したがって、動物のあいだでは、子のなかには親のこのましい素質を親よりもたくさんもつものがあるということ、あるいは動物は無限に完成可能であるということは、ただしくない。

粗野な植物のうつくしい庭園の花への進歩は、動物のあいだで生じるいかなることにもまして、おそらく顕著でめざましいが、ここにおいてさえ、進歩は無限あるいは無制限と主張することは不合理の最たるものであろう。改良のもっとも明白な特徴の一つは、規模の増大である。花は栽培によりしだいにおおきくなってきた。もし進歩が実際に無限であるならば、それは、かぎりなくおおきくなるであろうが、このことはきわめておおきな不合理であるから、われわれは、動物におけると同様植物においても、どこであるかを正確にはしらないけれども改良に限界がある、とまったく確信することができる。

花の入賞をきそう園芸家たちは、しばしば、いっそう強力な肥料をもちいても成功しなかったことがあるはずである。同時に、いかなる人でも、かつてそだてられることのできたもっともうつくしいカーネーションあるいはアネモネを見た、ということは、きわめて僭越《せんえつ》であろう。しかしかれは、どんなカーネーションあるいはアネモネでも栽培によっておおきなキャベツのサイズにまでおおきくすることはできない、とすこしも将来の事実と矛盾することなく、主張できるであろうが、しかしそれでも、キャベツよりははるかにおおきくても、それは考えられうるおおきさなのである。だれも、かつて栽培されえたもっともおおきい麦の穂、あるいはもっともおおきい樫《かし》を見たということはできないが、それらが到達できないおおきさを、容易に、また完全に確実に、のべることはできよう。したがってこれらすべてのばあいに、無限の進歩と、限界がただ規定できないだけの進歩との、注意ぶかい区別がなされるべきである。

植物および動物がおおきさを無限に増大できない理由は、それらがみずからのおもみでたおれるだろうからだ、とおそらくいわれるであろう。われわれはこのことを、経験による以外、すなわちこれらの体がつくられている力の程度について経験をする以外に、どうしてしるのか、とわたくしはこたえる。カーネーションは、キャベツのおおきさに達するよりかなりまえに、その茎でささえられないだろうことを、わたくしはしっている。しかしわたくしは、カーネーションの茎の素材のよわさと粘りづよさの不足との経験から、このことをしっているにすぎない。自然には、それとおなじおおきさで、キャベツとおなじおおきさの頭をささえるおおくの物質がある。

植物の死の理由は現在、われわれにまったくわかっていない。しかじかの植物が一年生であり、他のものは二年生であり、また他のものが多年生であるのはなぜかをだれもしらない。植物、動物および人類のこれらすべてのばあいのあらゆる問題は、経験の問題である。そしてわたくしは、人間は死ぬものである、なぜならあらゆる時代の不変の経験が、人間の目に見える身体をつくっている素材が死ぬものであることを立証してきているからだ、と結論するだけである。

「われわれは、しっていることによる以外になにを推理できようか」

人類が無期限の生命へと決定的な進歩をとげたし、またとげつつもあることが明瞭に立証されうるまで、健全な思索は、地上における人間の死にかんするこの見解をわたくしが変更することを容認しないであろう。そして、わたくしが動物および植物から特定の二つの例をひいたおもな理由は、ある部分的改良が生じたというだけの理由から、またこの改良の限界が正確に確定できないというだけの理由から、無限の進歩を推論する論議の誤謬をできれば解明し、例証することであった。

植物および動物における一定程度まで改良を受けいれる能力を、だれもおそらくうたがうことはできない。明瞭かつ決定的な進歩はすでになされた。しかしそれにもかかわらず、この進歩は限界をもたないとのべるのはきわめて不合理であるように見える、とわたくしはおもう。人間の生命について、さまざまな理由からおおきな相違があるけれども、世界がはじまって以来、人間の身体組織になんらかの有機的な改良がはっきりと確認されうるかどうかは、うたがわしいであろう。それゆえ、人間の有機的完成可能性の擁護論が立脚する基礎は、異常によわく、そしてただたんなる臆測としてしか考えられない。しかし、遺伝に注意することによって、動物におけると類似の一定の改良が人間においても生じることがあることは、不可能だとはけっしておもわれない。知性が伝達されうるかどうかはうたがわしいかもしれないが、おおきさ、力、うつくしさ、容貌およびおそらく寿命でさえ、ある程度遺伝が可能である。誤謬は、わずかな程度の改良だと考えることにあるのではなく、限界が不確定なわずかな改良と本当に無限な改良とを区別しないことにあるようにおもわれる。しかし、この方法によって改良するには、人類はわるい種の人すべてに独身の不幸をおわせなければならないから、遺伝にたいする注意が一般的になることはありえない。実際、うまくおこなわれたそのようなこころみをわたくしはしらない。例外は、むかしのビッカースタッフ家であって、この家は、慎重な結婚により種族の皮膚をしろくし、身長をたかくするのに成功し、とくに牛乳しぼりの娘モードとのきわめてたくみな結合によって、家族の身体組織のあるおおきな欠陥が是正された、といわれる。[†1]

わたくしのおもうに、地上における不死にむかって人間がいくらかでも接近しているということのありえないことをもっと完全にしめすために、寿命の増大が人口の論議にくわえるひじょうにおおきな重圧を強調する必要はないであろう。

コンドルセ氏の著書は、一人の高名な人の見解の素描としてだけでなく、革命開始期のフランスの文筆家たちのおおくのもののそれと考えられていいであろう。このようなものとして、たんに素描ではあるけれども、それは注目にあたいするようにおもわれる。

＊1　わたくしはうたがわないのだが、地球上の人間の不死あるいはさらに人間と社会との完成可能性という不合理な逆説を、重大なことのように反論しようとこころみるのは、時間とことばとの浪費であり、このような根拠のない推論は無視するのがもっともよい回答だと、おおくの人が考えるであろう。しかしわたくしは、それと意見がちがうことを告白する。この種の逆説がすぐれた才能ある人びとによって提出されているばあい、無視は、それらの誤謬をかれらにさとらせる傾向をもたない。かれらは、みずからの理解のたかさとおおきさとのしるし、見解の範囲とひろがりとのしるしと考えるものを自負しているから、こ

の無視を同時代人の精神活動の貧困とせまさとのあらわれとしか見ないであろうし、また、世間はまだかれらの崇高な真理をうけいれる用意がない、としか考えないであろう。

逆に、いかなる理論をも採用する完全な用意をともない、健全な思索により保証された、これらの主題の率直な研究は、かれらにつぎのことを納得させる傾向をもつであろう。すなわち、考えられもしない無根拠な仮説をつくって、かれらは、人間科学の限界を拡大するどころか、それを縮小させているのであり、人間精神の改善を促進するどころか、それを妨害しており、われわれをふたたびほとんど知識の幼児期にひきもどしているのであり、科学がその助力のもとに最近すばらしくはやく進歩をとげた、あの思索様式の基礎をよわめている、ということである。広漠とした無制約な思索にたいする現在の熱狂は、おそらく、科学のさまざまな分野で最近おこなわれたおおきな予期されなかった発見から生じた、一種の精神的陶酔であるようにもおもわれる。このような成功に意気あがり、目のくらんだ人たちには、すべてのことが人間の力の範囲内にあると考えられ、そしてこの幻想のもとに、かれらは、真の進歩が立証されえないことがらと、進歩が顕著で、確実で周知のことがらとを混同した。かれらは、多少とも厳格で練成された思考によって、気をおちつかせることができれば、忍耐づよい研究とじゅうぶんに立証された証明のかわりに、粗野な空想と無根拠な主張をすれば、真理と健全な思索という大義が苦悩するほかないことをしるであろう。

†1　一二四ページの「家畜の改良家のあいだでは……」以下ここまでの数パラグラフは、チャールズ・ダーウィンとフランシス・ゴールトンの思想において成熟する観念の種子をはらみ、

「牛乳しぼりの娘モード」の話は第二版でもくりかえされることでわかるように、この箇所は、マルサスの不満がもっともすくなかったと考えられる〔ボナー注〕。

第十章

ゴドウィン氏の平等の制度——人類のすべての悪徳を人間の制度のせいにすることのあやまり——人口から生じる困難にたいするゴドウィン氏の最初の回答はまったくふじゅうぶん——ゴドウィン氏の平等の制度が実現されたと想定する——ただ人口の原理により、三〇年ほどのきわめて短期間にそれは完全に崩壊する

ゴドウィン氏の政治的正義にかんするりっぱな、才能ひらめく著作を読むと、かれの文体の活力と精力、かれの推論の若干のものの力づよさと正確さ、かれの思想の熱心な調子、またとくに全体に真理の風貌をあたえている印象的な態度に、うたれないわけにはいかない。それと同時に、かれは健全な思索が必要とするとおもわれる注意をはらって研究をすすめなかったことが、いわれなければならない。かれの結論はしばしば、か

れの前提にもとづいていないのである。かれはときとして、みずから提出する反対論を除去することに失敗している。かれは、応用のきかない一般的抽象的命題にあまりにたよりすぎている。またかれの推論はたしかに、自然の節度をはるかにこえている。

ゴドウィン氏が提唱している平等の制度は、うたがいもなく、これまでにあらわれたいかなるものにもまして、うつくしく魅力がある。ただ理性と信念とだけによってつくりだされる社会の改良は、力によって実現され維持されるいかなる変革よりも、ずっと永続する見こみをもっている。個人的判断を無際限に行使できるというのは、いいようのないほど壮大で魅惑的な理論であり、各個人がある点では公共の奴隷である制度にたいしていちじるしい優越性をもっている。社会の主要発条および動力として利己心のかわりに慈愛がとってかわることは、はなはだのぞましい完成の極点である。要するに、このうつくしい構造の全体を考察するのは、その達成の時期を心から希求する、よろこびと賞賛の感情なしにはできないのである。しかし、ああ！　その時はけっしてくることはないのである。その全部が、夢であり、想像のうつくしい幻想にすぎない。われわれが現実生活にめざめ、地上における人間の真の情況を考察するとき、これら幸福と不死との「豪華な宮殿」、これら真理と有徳との「荘厳な寺院」は、「基礎のない幻想の建造物のように」解体するであろう。

ゴドウィン氏は、かれの第八篇第三章のおわりで、人口についてかたり、「人間社会には一つの原理があって、それによって人口はつねに生存手段の水準におしとどめられる。だから、アメリカおよびアジアの遊牧種族においては、多年にわたって、人口が土地の耕作を必要とするほど増加したことがないのである」という。ゴドウィン氏がこのようになにか神秘的でふしぎな原因のようにのべて、研究することをこころみていないこの原理は、自然の圧制的な法則、すなわち不幸と不幸にたいする恐怖とであることがわかるであろう。

ゴドウィン氏がその著作全体をつうじておかしているおおきな誤謬《ごびゅう》は、市民社会において見られるほとんどすべての悪徳と不幸とを人間の制度のせいにしていることである。政治的規制および既存の財産制度は、かれにあっては、人類を堕落させるあらゆる害悪のゆたかな源泉であり、あらゆる犯罪の温床である。このことが実際にことがらのただしい状態であるとすれば、世界から完全に害悪を除去することは、のぞみのない課題ではないようにおもわれるであろうし、理性は、そのように偉大な目的を実現するただしく適切な道具とおもわれる。しかし真理はつぎのようである。人間の制度は、人類にとっておおくの害悪の明白かつ顕著な原因だとおもわれるけれども、だが実際には、人間の生命の源泉を腐敗させ、その全部のながれを混濁させる不純なもっと根ぶかい諸原因にくらべると、表面にうかぶ羽毛にすぎない。

ゴドウィン氏は、平等の制度にともなう利益にかんする章で、つぎのようにいう。

「抑圧の精神、隷従の精神、および詐欺の精神、これらは既存の財産制度の直接の産物である。それらはすべて知的進歩†1に有害である。嫉妬《しっと》、悪意および復讐《ふくしゅう》という他の悪徳はそれらのわかちがたい仲間である。人びとがゆたかさのさなかで生活し、すべてのものがひとしく自然の恩恵をわかちあう社会状態においては、これらの感情は不可避的に消滅するであろう。利己心というせまい原理はなくなるであろう。だれも自分のわずかなたくわえを防衛し、あるいは不要と苦痛をかんじながらたえまない欠乏にそなえなければならないわけではないから、各人は個人的存在をわすれて全般的幸福を考えるであろう。だれも隣人の敵ではなくなるであろう。なぜなら、かれらはあらそいの主題をもたず、したがって博愛は、理性が指示する領域（の支配権）をとりもどすであろう。精神は、肉体の扶養にかんする不断の不安から解放され、それに適した思索の分野を気ままに逍遥《しょうよう》できるであろう。各人はすべての人の研究を援助するであろう」

これはまことに幸福な状態であるようにおもわれる。しかし、それが真理にちかい様相のほとんどないたんなる想像図であることを、読者はすでにじゅうぶんすぎるほど確信していると、わたくしはおもう。

人間はゆたかさのさなかで生活することはできない。すべてのものがひとしく自然の恩恵をわけあうことはできない。既存の財産制度がなければ、すべての人間は自分のわずかなたくわえを力で防衛せざるをえないであろう。利己心は勝利するであろう。あらそいの主題は永久に存続するであろう。すべての個人の精神は、肉体の扶養にかんする不断の不安のもとにあり、思索の分野を気ままに逍遥できる一人の知識人もいないであろう。

ゴドウィン氏がその洞察力にとむ精神の注意を地球上の人間の現実の状態にいかにわずかしかむけなかったかは、過剰人口の困難を除去しようとつとめる態度から、じゅうぶんにあきらかとなるであろう。かれはいう。「この反対論にたいする明瞭な回答は、このように推論するのはひじょうにとおい将来の諸困難を予想するものだ、ということである。居住可能な地球の四分の三がいま未耕地である。すでに耕作されている部分は、はかりしれない改良が可能である。[†2] まだ人口の増加する幾万もの世紀が経過するであろうが、土地はなお、住民の生存にはじゅうぶんであることがわかるであろう」

わたくしはすでに、土地がこれ以上生産を増大させることを絶対的に拒否するにいたるまえは、なんの窮乏も困難も過剰人口から生じないと想定することの誤謬を、指摘した。しかし、いましばらく、ゴドウィン氏のうつくしい平等の制度が完全に純粋に実現されたと想像し、この困難がそのように完全な形態の社会のもとでいかにはやく切迫すると予想されるかを見てみよう。応用のきかない理論はおそらくただしいものでありえない。

この島の不幸と悪徳とのすべての原因が除去されたと仮定しよう。戦争とあらそいとがやむ。不健全な取引と製造工場とは存在しない。宮廷の陰謀、商業および不道徳な欲望充足の目的で群集がおおきな有害な都市にあつまることはない。単純、健全、合理的な娯楽が飲酒、賭博《とばく》および堕落行為にとってかわる。人体に有害な影響をおよぼすほどおおきな都市はない。この地上の楽園の幸福な住民の大部分は、国全体に散在する小村および農家にすんでいる。すべての家は、清潔で通風がよく、じゅうぶんに空間があり、健康的な位置にある。すべての人間は平等である。奢侈品《しゃしひん》（生産）の労働はなくなっている。そして農業の必要労働はすべての人でたのしくわけあわれている。人口と島の生産物とは、いま同一であると、われわれは仮定する。公正な正義によって導かれた慈善の精神は、社会の全成員にこの生産物をその欲望におうじて分配するであろう。かれらが毎日動物性食物をとることは不可能であるけれども、しかし、ときおり肉のついた植物性食物は、質素な人びとの欲望を満足させるであろうし、かれらの健康、強力、活力を維持するにたりるであろう。

ゴドウィン氏は結婚を詐欺および独占と考えている。われわれは、両性の交渉がもっとも完全な自由の原理のうえにうちたてられたと仮定しよう。ゴドウィン氏は、この自由が無差別な交際に導くとは考えていないし、またこのことについては、わたくしはかれに完全に同意する。うつろいやすい愛は、不道徳な、腐敗した、また不自然な趣味であり、そして質朴かつ有徳な社会状態においてはいささかもひろまることのできないものであろう。各人はおそらく、自分で相手をえらび、その愛着が両当事者の選択でありつづけるかぎり、かれはその相手をまもるであろう。ゴドウィン氏によれば、なん人の子どもを婦人がもつか、あるいは子どもたちがだれに属するかは、たいした問題ではないであろう。食糧と援助とは、豊富なところから不足しているところへ自発的にながれるであろう。[*1] そしてすべての人間が、能力におうじてわかい世代のものに教育をあたえる用意があるであろう。

わたくしは、全体としてこれほど人口増加に好都合な社会形態を考えることができない。現在の制度のような、結婚の解消しにくさは、うたがいもなくおおくのものがその状態にはいることを阻止している。逆に無拘束な交際は、早期結合にたいするもっとも強力な刺激であろうし、またわれわれはうまれる子どもの将来の扶養についてなんの不安も考えないのであるから、わたくしには、二十三歳で家族のない婦人が一〇〇人に一人でもいるとはおもわれない。

　人口にたいするこれらの途方もない刺激があり、また、われわれが仮定したように人口減少のあらゆる原因が除去されるので、人口は必然的に、これまでにしられているいかなる社会におけるよりも急速に増加するであろう。わたくしは、スタイルズ博士が出版し、プライス博士の言及したパンフレットを典拠として、アメリカの奥地定住地の住民が一五年間に倍加したことをのべた。イングランドはたしかに、アメリカの奥地定住地より健康な国であり、またわれわれはこの島のすべての家が通風がよく健全であり、家族をもつことの奨励は奥地定住者よりおおきいと想定しているから、人口ができれば一五年以内に倍加する、ということのおきない理由をまったく考えることができない。しかし、われわれは、真理のわくをとびこえないようにしっかり注意して、倍加期間を二五年と仮定しよう。それは、アメリカの北部諸州すべてに生じたことがよくしられている増加率である。

　社会全体の労働がおもに農業にむけられるという事情にくわえて、われわれが想定した財産の平等化があれば、この国の生産物をいちじるしく増加させるかたむきがあろう。しかし、それほど急速に増加する人口の需要にこたえるためには、一人あたり一日半時間というゴドウィン氏の計算は、たしかにじゅうぶんではないであろう。各人の時間の半分はこの目的のためにもちいられなければならないとおもわれる。だが、このような、あるいはもっとおおくの労力をもってしても、この国の土壌の性質に精通しており、すでに耕作されている土地の肥沃度《ひよくど》とまだ耕作されていないそれの不毛性とを考慮する人は、平均全生産額が現在から二五年のうちにはたして倍加しうるかどうか、きわめてうたがわしい気になるであろう。唯一の成功の見こみは、すべての牧場地に犂《すき》をいれて、ほとんどまったく動物性食物をやめることとであろう。だがこの計画の一部は失敗するであろう。イングランドの土壌は施肥しなくてはおおくを生産せず、家畜は土地にもっとも適した種類の肥料をつくるのに必要なようにおもわれる。中国では、ある地方の土壌はきわめて肥沃で施肥なしに年に二回の米の収穫をあげる、といわれる。イングランドのどの土地もこの種のものではないであろう。

しかしながら、二五年でこの島の平均生産量を二倍にすることは推察どおりに困難であろうが、それが実現されたと仮定しよう。だから最初の期間の終了のときには、食糧は、ほとんどまったく植物性であるけれども、倍加した一四〇〇万の人口を健康に扶養するにたりるであろう。

つぎの倍加期間においては、増加する人口の執拗《しつよう》な要求をみたす食糧はどこに見いだされるであろうか。開拓すべきあたらしい土地がどこにあるのか。すでに耕作されているものを改良するのに必要な肥料がどこにあるのか。土地についてほんのわずかな知識しかない人でも、この国の平均生産量は第二の二五年間に現在の産出量にひとしい量だけ増大することはありえない、といわない人はいない。だがわれわれは、たとえありえないとしても、この増加が生じると仮定しよう。論議の旺盛な力はほとんどどんな譲渡をもゆるすのである。しかしながら、この譲歩をもってしても、第二の期間の終了時には食糧のえられない七〇〇〇万の人がいるであろう。二一〇〇〇万人のつつましやかな扶養に匹敵するだけの食糧が二八〇〇〇万人のあいだで分配されなければならないであろう。

ああ！　人びとがゆたかさのさなかで生活し、だれもたえまない欠乏による不安と苦痛にそなえる必要がなく、利己心というせまい原理は存在せず、精神が肉体の扶養について永久的な不安から解放されてそれに適した思索の分野を気ままに逍遥できるという情景はどうなるのか。想像のこのうつくしい建造物はきびしい真理にふれて消失する。ゆたかさによってはぐくまれ勇気づけられた慈愛の精神は、ひややかな欠乏の吐息により圧倒される。消失した憎悪の情念がふたたびあらわれる。自己保存の強力な法則が、より柔和かつ高貴なすべての精神感情を駆逐する。害悪にたいする誘惑は人間性が抵抗できないほどつよい。穀物は、成熟するまえにひきぬかれるか、あるいは不正なわけまえをうけて秘匿されるし、そして虚偽に属する一連の黒い悪徳全部がただちにうまれてくる。食糧は、もはやおおきな家族をもつ母を扶養するためにながれこむことはなくなる。子どもたちは食糧の不足から病気がちとなる。ばら色の健康のかがやきは不幸な蒼白いほおとくぼんだ目とにとってかわられる。まだ少数のものの胸にたちさりかねている慈愛は、かすかな、死にたえてゆく苦闘をおこなうが、ついには利己心がその住みなれた王国をとりもどし、勝ちほこって世界に君臨する。

ここには、ゴドウィン氏がもっとも性悪な人間の原罪の原因をその邪悪さにもとめた人間制度は、なにも存在しなかった。[*2] 公共の利益と個人の利益との対立がそれによってうみだされたことはなかった。共有のままであるべきことを理性が指示する利益について、独占がつくりだされたことはなかった。不正な法律によって秩序の破壊にかりたてられるものもいなかった。慈愛はすべてのものの心に支配権を確立した。しかしそれにもかかわらず、五〇年以内のようなみじかい期間に、暴力、抑圧、虚偽、不幸、すべての憎悪すべき害悪、および社会の現状を堕落させ、悲しませるあらゆる形態の困窮が、もっとも緊急な事態によって、また人間の性質に固有で、すべての人間の規則とは絶対に無関係な法則によって、うみだされてしまったようにおもわれる。

もしわれわれが、この陰鬱《いんうつ》な情景の現実性をまだよく信じられないのであれば、しばらくつぎの二五年間をながめてみよう。そうすれば、扶養手段のない二八〇〇万の人類を見ることになろう。また、最初の世紀のおわりまでに、人口は一億一二〇〇万人になり、食糧は三五〇〇万人分しかなく、七七〇〇万人が食糧のないままに放置されるであろう。この時代には、欠乏はまさに勝利し、強奪と殺人とが社会全体を支配するにちがいない。それにもかかわらず、この期間のすべてにわたって、われわれは、土地の生産物は絶対に無限で、毎年のその増加はもっとも大胆な思弁家が想像できるよりもおおきいと仮定しているのである。

これは、うたがいもなく、人口増加から生じる困難についての、ゴドウィン氏がしめしているのとははなはだことなる見解である。そのさい、ゴドウィン氏はいう。「まだ人口の増加する幾万もの世紀が経過するであろうが、土地はなお、住民の生存にじゅうぶんであることがわかるであろう」

わたくしがのべた過剰な二八〇〇万人あるいは七七〇〇万人は生存できなかったことをわたくしはじゅうぶんに承知している。「人間の社会には、一つの原理があって、それにより、人口はつねに生存手段の水準におしとどめられる」というのは、ゴドウィン氏のまったくただしい考察である。唯一の問題は、この原理はどんなものか、ということである。それは、ある不可解な神秘的な原因なのか。それは、一定の時期に男性を性的不能にし、女性を不妊にする天のある神秘的な干渉であるのか。あるいは、それは、われわれの研究、われわれの観察の範囲にある原因、つまり人間がこれまでおかれてきたあらゆる状態において、力の程度はさまざまであろうが、その作用がたえず観察されてきた原因であるのか。それは、自然法則の必然的にして不可避的な結果である、かなりな程度の不幸であって、人間の制度は、それを、これまで悪化させるどころか、除去はできなくてもかなり中和するかたむきがあったのではあるまいか。

われわれが仮定している事例において、いま市民社会を支配している法則のあるものが、もっとも緊急な必然性によってつぎつぎに、うごかされる様子を見るのは、奇妙であるかもしれない。ゴドウィン氏によれば、人間は自分のうける印象の被造物であるから、欠乏の苦痛がながくつづくまえに、まもなく公共あるいは個人の蓄財の破壊がかならずや生じるであろう。これらの破壊が数と程度とを増大させるにつれて、社会の比較的積極的、包括的な知識人たちはやがて、人口は急速に増加しつつあるのに国の毎年の生産物はまもなく減少しはじめることを感知するであろう。若干の即座の手段が一般安全のためにとられる必要があることを、事態の緊急性がおしえるであろう。そこで、ある種の集会が召集されて、国の危険な状態がもっともつよいことばでのべられるであろう。(そこでは)つぎのことがのべられるであろう。かれらがゆたかさのさなかに生活していたあいだは、労働することのもっともすくなかったものはだれか、あるいは、所有することのもっともすくなかったものはだれか、ということは、すべての人間が隣人の欠乏をおぎなう完全な意志と能力とをもっていたから、たいした問題ではなかった。しかし、問題はもはや、ある人が自分で使用しないものを他人にあたえるべきかどうかということではなく、自分自身の生存に絶対に必要な食糧を隣人にあたえるべきかどうか、ということである。つぎのこともいわれるであろう。欠乏状態にあるものの数は、かれらに供給すべきものの数と資力とをはるかにこえていること、国の生産物の状態ではすべてが満足させられえないこれら切迫した欠乏が、いくつかのかくれもない正義の蹂躙《じゅうりん》をひきおこしたこと、これらの蹂躙はすでに食糧の増大を阻止したし、またもしなんらかの手段により防止されなければ全社会を混乱になげいれるであろうこと、緊急の必要は、毎年の生産物の増大がもし可能であるのならば、どのようにしてでも達成されるべきである、と命じているようにおもわれること、この第一の、おおきな不可欠の目的を実現するためには、土地のもっと完全な分割をおこない、各人の蓄財をもっとも強力な制裁、死そのものによってさえ、蹂躙から保護するのが賢明であるとおもわれること、である。

おそらく、若干の反対論者によってつぎのことがいわれるかもしれない。土地の肥沃度が増大し、事情の変化が生じるにつれて、ある人びとのわけまえは、自分たちの扶養にじゅうぶんな量以上となることがあるかもしれないし、また利己心の支配がひとたび確立すると、かれらは自分たちの剰余生産物をなんらかの代償とひきかえなしでは配分しようとしない、と。それの回答としてつぎのことがいわれるであろう。このことは、はなはだなげくべき不都合であるが、財産の不安定によって不可避的にひきおこされる一連の黒い災難とはくらべものにならない害悪であること、一人の人間が消費できる食糧の量は人間の胃のせまい能力によって必然的に制限されていること、かれが残余をなげすてることはたしかにありえず、たとえかれが剰余の食糧を他人の労働と交換し、他人をある程度自分に従属せしめたとしても、このことはなお、これらの他人が完全に餓死してしまうよりはましだろうこと、である。

だから、現在文明諸国にひろまっているのとあまりかわらない財産制度は、社会にさしせまっている諸害悪にたいして、ふじゅうぶんかもしれないが最良の対策として確立されることが、きわめてありうることのようにおもわれる。

さきのことと密接にむすびつき、論議の対象となるつぎの問題は、両性間のまじわりである。社会をなやませている諸困難の真の原因に注意をむけたことのある人びとによって、つぎのことがいわれるであろう。すべての人が自分の子どもはすべて一般の慈愛によってじゅうぶんに扶養してもらえると確信しているあいだに、土地の（生産）力は、不可避的につづいてうまれてくる人口のための食糧を生産するのにまったく不適当となること、たとえ社会の注意と労苦との全部がこの唯一の点にむけられ、またたとえ財産のもっとも完全な安全およびその他考えられうるすべての奨励によって、最大可能な生産の増加が毎年達成されるとしても、それでもなお、食糧の増大ははるかにそれ以上に急速な人口増加とけっして歩調をそろえないだろうこと、したがって人口にたいしてある制限がどうしてももとめられること、もっとも自然かつ明白な制限は、すべての人に自分自身の子どもを扶養させることだとおもわれること、だれも扶養手段を見つけることのできないものを世にうみだすことをしないとおもわれるから、このことは、人口増加においてある点で尺度および基準として作用するであろうこと、それにもかかわらず、このことがおきたばあい、そのためにみずからと罪のない子どもとをいちじるしく不幸と欠乏とのうちにおとしいれた個人にたいして、このような行為にともなう恥辱と不都合とがふりかかることが、他人への見せしめとしては必要におもわれること、である。

結婚の制度、あるいはすくなくとも、すべての人間にとって自分自身の子どもを扶養すべき明示あるいは暗黙の義務の制度は、われわれが想定した諸困難のもとにある社会においては、これらの推論の自然な結果であるようにおもわれる。

これらの困難の考察は、男性よりも女性において貞操の破棄にともなう恥辱のおおきいことのきわめて自然な起原を、われわれにしめしている。女性がみずからの子どもを扶養するにたりる資源をもっているとは、考えることができないであろう。したがって、ある婦人がその子どもたちを扶養する契約をしないである男とむすばれ、そしてかれが自分にふりかかる不都合に気づいてかの女をすてたばあい、これらの子どもたちは必然的に社会に扶養をもとめるか、餓死するかしなければならない。そして、このような不都合の頻発を防止するためには、これほど自然なあやまちを身体的拘束あるいは刑罰によって罰するのはきわめて不当であろうから、人びとはそれを恥辱で罰することに同意するであろう。そのうえ、その罪は女性において、より明瞭かつ顕著であり、見あやまることがすくない。子どもの父はかならずしもつねにしられるとはかぎらないであろうが、母にかんしては同様な不確実性は容易に存在しえない。だれしもみとめることであるが、罪の証拠がもっとも完全であり、また同時に社会にとっての不都合がもっともおおきいところにこそ、非難のもっともおおきな部分がふりかかるべきなのである。自分の子どもを扶養すべきすべての人にとっての義務を、理由があれば社会は強制するであろう。そして、他人を不幸に導いていくすべての人間がまねかねばならないある程度の恥辱にくわえて、家族が必然的にかれにおわせる不都合すなわち労働の程度の増大は、男性にたいするじゅうぶんな刑罰と考えられてよいであろう。

男性がおかしてもほとんどとがめられずにすむ罪なのに、現在女性がおかせば社会からほとんどほうむられるのは、うたがいもなく自然の正義の蹂躪《じゅうりん》であるようにおもわれる。しかし、社会にとっての深刻な不都合の頻発を防止するもっとも明白かつ実効ある方法として、その習慣の起原は、おそらく完全に正当化しうるものでないかもしれないが、自然なものとおもわれる。しかしながら、この起原はいま、その習慣がその後うみだした一連のあたらしい観念のなかで、見うしなわれている。最初は国家の必要により命じられたとおもわれるものが、いま婦人の優美さにより維持されており、またその習慣の最初の意図が保持されているとしても、社会のうちで、その必要がじつはもっともすくない人びとのがわでもっとも強固に作用しているのである。

社会のこれら二つの基本法則、すなわち財産の安全と結婚の制度とがひとたび確立されると、境遇の不平等が必然的につづいて生じなければならない。財産の分割以後にうまれたものは、すでに所有されている世界にうまれでるであろう。もしかれらの両親が、あまりにおおきい家族をもつことから、かれらの扶養にじゅうぶんなだけをあたえることができなければ、すべてのものが私有されている世界においてかれらはなにをなすべきであろうか。われわれは、もしすべての人間が土地の生産物のひとしいわけまえにたいする有効な請求権をもっているばあいには、社会におよぶ致命的な結果をすでに見た。

最初にわりあてられた土地の配分にたいしてあまりにおおきくなりすぎた家族の成員は、当然の債務のように他人の剰余生産物の一部を要求することはできない。われわれの不可避的な自然法則から、ある人間は欠乏のために苦悩しなければならないことがあきらかとなっている。人生というおおきな籤《くじ》において、空籤をひいた不幸な人たちがいる。これら（剰余生産物の）要求者の数は、まもなく剰余生産物の供給能力をこえるであろう。道徳的価値は、極端なばあいをのぞき、きわめて困難な区分基準である。剰余生産物の所有者は一般に、なにかもっと顕著な区分のしるしをもとめるであろう。そして、特別なばあいをのぞき、かれらがつぎのような人たちを選択すること、すなわち、その力をいっそうおおくの剰余生産物を獲得することに行使し、したがってただちに社会に利益をもたらし、またこれら財産所有者がもっとおおくの人に援助をあたえることができるようにする能力をもち、かつその意志があることを言明する人たちを選択することは、自然でもあり正当でもあるようにおもわれる。食糧に欠乏しているすべての人は、緊急の必要によって、生存に絶対に必要なこの品と交換に労働を提供するようにせまられるであろう。労働の維持にあてられる基金は、土地所有者たちが自分たち自身の消費以上に所有する食糧の総量であろう。この基金にたいする需要がおおきく、かつ多数であれば、それは当然にごくわずかなわけまえに分割されるであろう。労働の報酬はわるくなるであろう。人びとはかろうじて生存するだけのために労働を提供し、家族の扶養は疾病および貧困のために制限されるであろう。逆に、この基金が急速に増大しつつあるとき、要求者の数に比してその基金がおおきいとき、わけまえはもっとおおく配分されるであろう。だれも、豊富な量の食糧をかわりにうけとるのでなければ、交換しようとしないであろう。労働者は容易かつ安楽に生活し、したがって多数の元気な子どもたちを養育することができるであろう。

この基金の状態にこそ、われわれのしっているあらゆる国の下層階級のあいだにゆきわたる幸福あるいは貧困の程度が、現在おもに依存しているのである。そして、この幸福あるいは貧困の程度にこそ、人口の増加、停滞あるいは減少が依存しているのである。

また、したがって、利己心でなく慈愛を動因とし、そしてすべての成員のあらゆる有害な気質が暴力によってでなく理性によって是正され、想像が考えうるもっとももうつくしい形態にしたがって構築された社会は、人間の本来的な堕落によってではなく、不可避的な自然法則によって、きわめて短期間に、現在われわれのしっているあらゆる国で見られるものと基本的にかわらない計画にもとづいてつくられた社会に、すなわち財産所有者階級と労働者階級とにわかれ、そして利己心がおおきな機械の主要発条である社会に、堕落するであろう、とおもわれる。

わたくしがおこなった想定では、わたくしはうたがいもなく、実際よりも、人口の増加をちいさく、生産の増大をおおきく考えた。わたくしが想定した状態のもとでは、人口がすでにしられているいかなる事例よりも急速に増加しないという理由を考えることができない。そうだとすれば、われわれは、もし、倍加期間を二五年ではなく一五年ととり、このような短期間に生産物を倍加させることがかりに可能だとみとめるとしても、それに必要な労働を考慮すると、ゴドウィン氏の社会制度がもっとも完全に確立するならば、単純な人口原理によるそれの完全な崩壊までに、幾万世紀でなく、三〇年もたたない、と確実にいいきることができるであろう。

わたくしは、移民にたいして注目しなかったが、それには明白な理由がある。もしこのような社会がヨーロッパの他の部分につくられても、これらの国は人口にかんしておなじ困難のもとにあり、あたらしい成員をだれもその胸中にだきいれることができないであろう。もしこのうつくしい社会がこの島にかぎられるならば、その成員のだれもが自発的に離国に同意し、そして現在ヨーロッパに存在するような統治機関のもとで生活するか、あるいはあたらしい地域で最初の定住者の極度の困難に身をゆだねるかするようになるのであって、そうなるまえにそれは、奇妙にもそれ本来の純粋性から堕落してしまい、それが意図する幸福をほんのごくわずかな部分しかあたえられないにちがいなく、要するに、その基本原理は完全に破壊されるにちがいない。人びとが祖国をすてさる決意をすることができるまえに、かれらが祖国においてどれほどひどい貧困と困難にたえるものであるか、またあたらしい定住地にむけて出発するというもっとも魅力ある提案がほとんど餓死しつつあるとおもわれる人びとによっていかにしばしば拒否されたか、われわれはたびたびの経験からよくしっている。

＊1　第八篇第八章五〇四ページ（a）をみよ。
　a　五〇四ページは、正しくは五一二ページ〔ボナー注〕。

＊2　第八篇第三章三四〇ページ（b）。
　b　三四〇ページは、第三版第二巻の第八篇第三章四六二ページが正しい〔ボナー注〕。

†1　知的のあとに「および道徳的」と原文にはあるが、脱落している。この脱落は六版までひきつがれている〔ボナー注〕。

†2　この文章は、のちにゴドウィンにより改訂される。マルサスは、一般にゴドウィンの『政治的正義』からの引用は三版によっているが、ここでは初版によっている〔ボナー注〕。

第十一章

両性間の情念の将来の消滅にかんするゴドウィン氏の推測――このような推測の明白な根拠はないこと――愛の情念は理性あるいは徳性のいずれとも矛盾しない

われわれは、ゴドウィン氏の社会制度がひとたびは完全に確立されると想定した。しかし、それは不可能事を想定しているのである。それがひとたび確立しても、それをきわめて急速に破壊してしまう、自然における同一の諸原因が、その確立の可能性を阻止するであろう。これらの自然的諸原因の変化を、どんな理由にもとづいてわれわれが考えることができるか、わたくしはまったく推測できない。両性間の情念が消滅にむかううごきは、世界が存立してきた五〇〇〇あるいは六〇〇〇年のうちに、なにも生じなかった。生命の衰退にさしかかった人たちは、いつの時代にも、かれらがかんじなくなった情念を口をきわめて非難してきたが、これは理由のないことでもあるし、成功もしないものであった。体質的に気持のつめたいことのため、愛がどんなものかをかんじたことのない人びとは、人生における快楽の感覚の総計の一部をなすこの情念の力にかんしては、きわめて不適格な判定者だとみとめられてさしつかえないであろう。青年時代を犯罪的な不節制のうちにすごし、老年のなぐさめとして、肉体の衰弱と精神の悔恨とをみずからに用意した人たちは、このような快楽をむだで無用であり、永続的満足をうまないとして痛罵《つうば》するのはもっともなことである。しかし、純粋な愛のたのしみは、もっともすんだ理性ともっとも崇高な徳性との考察にたえるものであろう。おそらく、道徳的な愛の真のよろこびを一度経験した人で、いかに知的快楽がおおきくても、その時期を、かれの全生涯のうちで想像があたためることをこのむかがやかしい時点として、ふりかえらないものはほとんどないのである。かれは、その時期を最大の愛情をもって、回想、考慮し、くりかえし生きたいと切望するであろう。感覚の快楽にたいする知性の快楽の優越性は、それがより現実的で本質的であることよりも、むしろ、それが時間的にながくつづき、範囲が広範で、飽きることがすくないことにある。

すべての享楽における不節制は、それ自体の目的を破壊する。もっともうつくしい地方のもっとも晴れた日の散歩は、あまりにとおくまでゆけば、苦痛と疲労とにおわる。もっとも健全かつ活気づける食糧は、無制限に食べたいだけ食べれば、力でなくよわさをうみだす。知的快楽でさえ、たしかに他の快楽よりは飽きることはすくないけれども、あまりに休みなく追求すれば、身体を衰弱させ、精神の活力をそこなう。これらの快楽の現実性についてそれらの乱用から反論することは、正当とはおもわれない。道徳は、ゴドウィン氏によれば、諸結果の計算であり、あるいはペイリ副僧正[†1]がきわめてただしく表現しているように、一般的便宜からしられる神の意志である。これらの定義のいずれにしたがっても、不幸な結果の可能性のともなわない感覚の快楽は、道徳の法則をおかさないし、またもしそれが知的成果にもっともおおきな余地をのこす程度の節度をもって追求されるならば、それらはうたがいもなく人生における快楽の感覚の総計を増加させるにちがいない。友情によってたかめられた道徳的愛は、とくに人間の性質に合致しており、きわめて強力に精神の共感を覚醒《かくせい》させ、もっとも絶妙な満足をうみだすような、感覚的享楽と知的享楽との混合物であるようにおもわれる。

ゴドウィン氏は、感覚の快楽のあきらかな劣性をしめすために、「両性のまじわりから付随事情をすべてとりされば、それは一般に軽蔑されるであろう[*1]」という。かれは、木を賞賛する人にたいして、そのひろがっている枝と可愛らしい葉をとりされば、あなたはたんなる棒にどんな美を見ることができるか、といっているようなものであろう。しかし、賞賛をよびおこしたのは、枝と葉とのついた木であって、それらのない木ではなかった。ある対象の一つの特徴は、もっとも疎遠ななにか二つのもの、たとえば一人のうつくしい婦人と一枚のマダガスカルの地図とのように、全体とはっきり区別されるものであり、全体とはちがった感情をうみだすものであろう。愛の情念をうみだすのは、婦人の「肉体の均斉美、快活さ、艶麗《えんれい》な気質のやさしさ、愛情のこもった親切心、想像力と機知」であって、かの女が女性だというたんなる特徴ではない。愛の情念にうながされて、男性は社会の一般的利益にきわめて有害な行為にかりたてられたことがあるが、もし誘惑がその性以外になんの魅力もない女性のかたちであらわれたならば、おそらくかれらは、それに抵抗するのになんの困難もかんじなかったであろう。感覚的快楽の劣性を立証するためにそれからそのすべての付属物をはぎとることは、磁石からそのもっとも基本的な引力の一部をうばい、そうしておいてこの磁石はよわくて効力がない、というのとおなじである。

感覚的あるいは知的のいずれにしろ、すべての享楽の追求において、理性すなわち結果の計算をわれわれに可能にするあの能力は、ただしい修正者であり案内者である。だから、進歩した理性はつねに感覚的快楽の乱用をふせぐかたむきをもつとおもわれるが、もっともそれは、感覚的快楽を絶滅させるということにはけっしてならない。

その限界が正確に確定されえない部分的改良から、無限の進歩を推論する論議の誤謬を、わたくしは解明することにつとめた。わたくしのおもうに、決定的な進歩がみとめられはしたが、だがその進歩を無制限《インデフィニート》と考えるのは、はなはだしい不合理であるおおくのばあいがあることが、あきらかとなった。しかし、両性間の情念の消滅の方向への、目につく進歩はこれまでなにもおこらなかった。だから、このような消滅を想定することは、ただ、なんらの学問的蓋然性に支持されない、根拠のない推論を提出することでしかない。

最高の精神力をもった若干の人びとが感覚的恋愛の快楽に適度にふけっただけでなく、過度にふけりさえしたことは、歴史があまりにあきらかにしているとおもわれる真理である。しかし、多数の逆の事例にもかかわらず、おおきな知性のはたらきが、人間にたいして、この情念の支配を減少させるかたむきがあることをわたくしはみとめたいとおもうから、そうみとめるとして、人口にはっきりと影響するにたりるほどのなんらかの差が生じるようになるには、そのまえに、人類の大多数が現在の人類のもっともかがやかしい人物以上に、いちじるしく進歩しなければならないことはあきらかである。人類の大多数はその進歩の終点に到達したと、わたくしはけっして考えるものではない。だが、この論文のおもな論議は、いかなる国の下層諸階級も、たかい程度の知的進歩を達成するほど、じゅうぶんに欠乏と労働とから解放されることはありえないことを考察の力点におくものである。

＊1　第一篇第五章七三ページ（a）。

a　この七三ページは、七一〜七二ページとすべきである〔ボナー注〕。

†1　ウィリアム・ペイリ William Paley（一七四三〜一八〇五）は、『道徳および政治哲学の原理』（一七八五）の著者。神学的功利主義の代表者であり、鳩のたとえ話をだしたことから「鳩のペイリ」のあだ名がある。

第十二章

人間の生命の無限の延長にかんするゴドウィン氏の推論——人体におよぼす精神的刺激の影響からひきだされたまちがった推論の、さまざまな例による証明——過去のなんらかの徴候にもとづかない推論は学問的推論と考えられない——地上における人間の不死への接近にかんするゴドウィン氏およびコンドルセ氏の推論は懐疑論の矛盾の奇妙な一例

人間が将来地上で不死に接近するというゴドウィン氏の推論が、人口の原理からの、かれの平等の制度にたいする反論を除去すると公言する章におかれているのは、かなり奇妙におもわれる。もしかれが生命の持続期間の増大以上にはやく両性間の情念は減退すると想定しているのでなければ、地球はしだいにふさがるであろう。しかし、この困難はゴドウィン氏にまかせておいて、おこりうるとおもわれている人間の不死が推論さ

れている現象の若干を検討しよう。

肉体にたいする精神の力を立証するために、ゴドウィン氏はつぎのようにいう。「われわれは、一片のよいしらせが病気を退散させるのをどれほどしばしば見ていることか。怠惰なものにとって病気の源泉であることがらが、多忙で活動的なものにおいてわすれられ、消滅する、という文句は、どれほどありふれていることか。わたくしは、怠惰なあいまいな気分で二〇マイルをあるけば、きわめてつかれる。活気にみち、精神を集中させる動機をもって二〇マイルをあるけば、出発したときとおなじようにさわやかで元気に到着する。あるおもいがけないことばに酔ったり、われわれに配達される手紙によって刺激される感情は、われわれの身体にきわめておおきな革命をひきおこし、血行をはやめ、心臓の動悸《どうき》をたかめ、舌をもつれさせ、極度の心痛あるいは極度の歓喜によって死をひきおこすことがしられている。回復を助長もしくは阻止する精神の力ほど、医師がよくしっているものは実際ないのである」

ここにのべられた事例は、おもに、肉体におよぼす精神の刺激の影響の事例である。しかし、精神と肉体との神秘的な、けれども密接な関係を一瞬もうたがったものはいない。しかし、刺激は持続的にもちいられてもひとしい力をもちつづけるとか、あるいはしばらくそのようにもちいられうるとしても、刺激は主体を疲労困憊《ひろうこんぱい》させることはないと想定することは、まったく刺激の性質にかんする知識なしに論じているのである。ここでふれられた事例のあるものにおいては、刺激の力はその新奇さと予想外なことにもとづいている。このような刺激は、その性質から、それに力をあたえる性質を反復によってうしなうであろうから、しばしばくりかえされておなじ効果をもつことはありえない。

その他の事例においては、論議はちいさな部分的な結果からおおきな一般的結果におよんでいるが、それは、無数の例においてひじょうにあやまった推論の方法であることが見いだされるであろう。多忙で活動的な人は、それ以外になにも考えることのない人の注意をひきつけるわずかな身体の不調をある程度克服するであろうし、あるいはおそらく真理にもっとちかいのであるが、それを無視するであろう。しかしこのことは、精神の活動が高熱、天然痘あるいは疫病を無視することができるようにすることを立証するものではない。

精神を集中させるある動機をもって二〇マイルをあるく人は、到着するとき身体の疲労をすこしもおぼえないが、しかしかれの動機を二倍にしてもう二〇マイルをあるかせ、また四倍にして三度目の出発をさせる、ということをつづけると、かれの散歩の距離は、究極のところ精神でなく筋肉によることになるであろう。一〇ギニーをえる動機であるくパウェル[†1]は、五〇万ギニーをえる動機であるくゴドウィン氏よりおそらくながくあるくであろう。通常の体力をもつ身体に作用する異常な力の動機は、おそらく死ぬおもいほどの努力を人間にさせるであろうが、しかし二四時間に一〇〇マイルをあるかせはしないであろう。この所説は、人がそう見えないからといって、あるいは疲労をほとんどかんじないからといって、実際には、最初に二〇マイルをあるいてまったくつかれなかったと想定することの誤謬《ごびゅう》を、しめしている。精神はその注意を同時に一つ以上の対象につよく固定することができない。二万ポンド（の利益）でかれの思考はいっぱいになったため、かれは足のいたみ、あるいは脚の硬直にすこしも注意しなかったのである。しかし、かれは、最初に出発したときのように本当にさわやかで敏捷《びんしょう》であったならば、最初とおなじようにらくに二度目の二〇マイルに、つづいて三度目などと、でかけることができるであろうが、このことはあきらかな不合理になってしまう。元気な馬は、なかばつかれているようなばあいでも、手綱のただしいさばきにくわえて、拍車の刺激により、きわめて気がはやるようになり、はた目には一マイルもあるいていないかのようにはつらつと元気そうに見えるであろう。いや、おそらく馬自身、この刺激によってひきおこされた熱気と情熱とのなかで、なんの疲労もかんじないであろうが、このような外見から、もし刺激がつづいても馬はけっしてつかれないと論ずるのは、すべての理性と経験とに奇妙に反するであろう。一群の犬の吠《ほ》える声は、ある種の馬を、四〇マイルの道の旅行のあとでも、最初に出発したときとおなじようにさわやかで活気をおびているように見せるであろう。そこでそれらの馬が狩猟につれていかれても、乗り手には、最初、馬の力と活気との目に見えた衰弱はかんじられないであろうが、はげしい一日のおわりごろには、やがてこれまでの疲労が、その全面的な圧力と影響とをおよぼし、馬をつかれさせるであろう。わたくしは、鉄砲をもってながくあるいて、なんの成果もあがらなかったとき、疲労からかなりな程度の不快を感じながら家にかえったことがしばしばある。べつの日に、おそらくほとんどおなじひろさの土地をめぐって大量の獲物をえたときには、わたくしはさわやかに敏捷に家にかえった。べつべつの日のかえったときの疲労感の差は、きわめていちじるしかったかもしれないが、しかしわたくしは、翌朝このような差を感じなかった。わたくしは、獲物のあった日の翌朝、そうでなかった翌朝よりも脚のかたさと、足のいたみとがすくないと、かんじたことはない。

これらすべての例において、精神にたいする刺激は、身体の疲労を真に克服することよりもむしろ、それから注意をそらすことにより作用するようにおもわれる。もしわたくしの精神の活力が真にわたくしの身体の疲労を克服したならば、わたくしが翌朝疲労をかんじるのはなぜか。もし犬の刺激が旅行の疲労を外見同様に実際に完全に克服したならば、馬が四〇マイルもいかなかったばあいよりはやくつかれるのはなぜであろうか。

わたくしはたまたま、これを書いているときに、ひじょうにひどく歯がいたんだことがある。わたくしは、執筆の熱意にまぎれて、ときおりほんのしばらく、それをわすれる。けれども、わたくしは、いたみをひきおこす過程はなお進行しており、それの情報を脳につたえる神経はそのようなしばらくのあいだでさえ注意と適切な振動の余地とをもとめつつある、と考えざるをえない。べつな種類の多数の振動が、おそらく歯痛の振動のはいりこむのを阻止するかもしれないし、あるいは、はいってもしばらくはそれにうちかつかもしれないが、ついには異常な力の噴出が他のすべての振動をなぎたおし、わたくしの論議の諸観念の生気を破壊し、勝ちほこって脳中を支配する。他のばあいと同様、このばあいに、精神は混乱に対抗する力あるいは治療する力をほとんど、もしくはまったくもたないようにおもわれ、ただ、もしつよく刺激されれば注意を他のものに固定する力をもつにすぎない。

しかしながら、健全で活気のある精神は身体を同様な状態にしておく傾向をなんらもたないと、わたくしはいおうとしているのではない。精神と身体との結合はきわめて密接かつ緊密であるから、もし相互に他の機能を援助しあわないとすれば、きわめて異常なことであろう。しかし、おそらく、比較すれば、精神が身体にたいしてもつより身体が精神にたいしてもつ影響のほうがおおきい。精神の第一の目的は、身体の欲求の調達者として作用することである。これら欲求が完全にみたされるとき、積極的な精神は、なるほど、さらに前進し、科学の諸分野におよび、あるいは想像の領域にあそび、「人の世のわずらいを脱ぎ棄て」[†2]て自分にちかしいものを探究しているのだ、と空想しがちである。しかし、これらすべての努力は、寓話のなかの兎《うさぎ》のむだな労力のようなものである。ゆっくりうごく亀、つまり身体は、たとえ精神がどんなにとおく広範にさまよっても、それにおいつかずにはおかないし、もっとも明晰《めいせき》かつ活動的な知性でさえ、一度や二度の招きにはしぶっていかないとしても、結局のところ頭脳の領域を飢餓の呼び声に屈服させざるをえないし、あるいはつかれはてた身体とともに眠りにおちこまざるをえないのである。

　もし身体を不死にする薬品が発見されることができれば、それは精神の不死をともなわずにはおかないと、たしかにいえるかのようにおもわれる。しかし、精神の不死はけっして身体の不死を推理させるとはおもわれない。逆に、考えられる最大の活動的な精神は、おそらく身体を涸渇《こかつ》させ、破壊するであろう。節度ある精神の活気は健康に好都合であるようにもおもわれるが、ひじょうにおおきな知的努力は、しばしばいわれたことがあるように、かなりその鞘《さや》（肉体）を消耗させる傾向がある。身体におよぼす精神の力、およびその結果としての人間の不死の可能性を立証するためにゴドウィン氏が提出した例のほとんどすべては、このあとの種類のものであり、このような刺激が継続的にくわえられるならば、それらは、人間の身体を不死にするかわりに、きわめて急速に破壊するかたむきがあるようにおもわれる。

人間の動物的身体構造にたいして意志の力を増大させることの可能性が、ゴドウィン氏の考察のつぎの項目であり、かれは結論において、ある人びとの意志力はこの点では他の人ができないさまざまなことがらにおよぶことが見られる、といっている。しかし、このことは、少数の例外から、ほとんど普遍的な法則に否定的な推論をすることである。そしてこれらの例外は、なにかいい目的のために発揮される力であるよりは、むしろ詭《き》計《けい》であるようにおもわれる。わたくしは、高熱のある人で脈を調整できる人のことをきいたことがないし、またここでほのめかされている人びとのうち、だれかが、かれらの身体の不調の正常化とその結果としての生命の延長とにかんして目に見えるごくわずかの進歩でもしたかどうかは、おおいにうたがわしい。

ゴドウィン氏はいう。「一定の種類の力が、われわれの現在の観察のとどかないものだからという理由で、それが人間精神の限界をこえていると結論することほど、非学問的なことはありえない」。わたくしは、わたくしの学問観がこの点でゴドウィン氏とははなはだことなることを容認する。学問的推理と予言者ブラザーズ氏[†3]の主張とのあいだにわたくしがみとめる唯一の相違は、一方がわれわれの現在の観察範囲内から生じている諸徴候に基礎をおいており、他方はまったく基礎をもたない、ということである。偉大な発見は人間科学のすべての分野、とくに物理学においてまだまだおこなわれるだろうとわたくしは期待しているが、しかしわれわれは、未来にかんするわれわれの推論の基礎としての過去の経験をすてさるとき、またさらにそれ以上に、われわれの推論が絶対に過去の経験と矛盾するとするならば、ひろい不確定の領域になげだされ、またそのときには、どんな想定もほかのものと同様になりたつことになる。もしある人がわたくしに、人間は究極にはまえだけでなくうしろにも目と手とをもつであろうとつげるとすれば、わたくしは、それらの追加の有用性を容認すべきであるが、わたくしの不信の理由として、このような変化の可能性をほんのわずかでも推論しうるような徴候を過去にならみとめなかったことをしめすべきである。もしこのことが有効な反対論とみとめられなければ、すべての推論はにたようなもので、すべてがひとしく学問的である。われわれの現在の観察範囲内に、人間が地上で不死となる真の徴候がないのは、人間が四つの目と四つの手とをもつようになる、あるいは木が垂直でなく水平に成長するようになる真の徴候がないのとおなじであると、わたくしにはおもわれることを告白する。

おそらく、まったく予見も予期もされなかったおおくの発見がすでにこの世界で生じたことがある、といわれるであろう。このことが真実なことをわたくしはみとめる。しかし、もしある人がこれらの発見を過去の事実からのなんらかの類推もしくは示唆に導かれることなく、予言したならば、かれは予見者もしくは予言者の名にあたいするだろうが、学者の名にはあたいしない。近代の諸発見のあるものはテシウスおよびアキレス[†4]の時代のヨーロッパの未開住民のおどろきをよびおこすとおもわれるが、このおどろきはほとんどなにも立証しない。機械の力をほとんどまったくしらない人たちが、その効果をおしはかるとは考えられない。われわれは現在、人間精神の力を完全にしっていると、わたくしはいうつもりはないが、われわれはたしかにこの器官について、四〇〇〇年以前よりはよくしっている。またしたがって、われわれは、じゅうぶんに適格な判定者とはよばれえないけれども、なにが精神のおよぶ範囲内であり、なにがそうでないのかをのべる能力を、たしかに未開人よりはおおくもっている。時計は永久動力とおなじおどろきを未開人にあたえるであろうが、しかし前者は、われわれにとってもっともなじみぶかい機械であり、後者は、もっともすぐれた知識人の努力をつねに無にしてきたものである。われわれはいま、おおくの例において、最初はかなり見こみがあるようにおもわれた発明の、無限の進歩を阻止している原因を認識することができる。望遠鏡の最初の改良者たちは、鏡のおおきさと管のながさとが増大しうるかぎり、その道具の性能と利点とは増大する、とおそらく考えたであろう。しかし、その後の経験は、視界のせまさ、光線の不足、大気の影響が拡大されて、巨大なサイズと性能の望遠鏡から期待されるはずであった有益な結果を阻止すると、われわれにおしえた。知識のおおくの分野で、人間はほとんどつねにある程度の進歩をとげてきた。他の分野では、人間の努力は、たえず失敗した。未開人はおそらく、このおおきな相違の原因を推測できないであろう。われわれのすすんだ経験は、これらの原因のあるささやかな洞察をわれわれにあたえたし、したがって、われわれが、将来なにを期待しうるかについてではないとしても、すくなくともなにを期待すべきではないかについて、よりよく判断できるようにしたのであって、これは、消極的ではあるけれども、ひじょうに有用な情報なのである。

睡眠の必要は精神よりむしろ肉体に依存するとおもわれるから、精神の改善がこの「きわだった弱点」をいちじるしく克服することができるのはどうしてであるか、あきらかではない。[†5] 精神上のおおきな刺激により、二晩あるいは三晩睡眠なしにすごすことができる人は、それに比例してかれの身体の活力を涸渇させ、また健康と体力とのこの低下はやがて、かれの理性の作用を攪乱《こうらん》し、その結果、これらのおおきな努力によっても、かれは、この種の休息の必要を克服することについて、実際になんの進歩もとげなかったことがわかるのである。

われわれがある程度しっているさまざまな人びとのあいだには、精神力、博愛心などにかんして、きわめて顕著な差異がたしかに存在し、知性の作用が人間の寿命の延長になんらかの決定的な影響をもっているかどうかを判断できる。この種の決定的影響がこれまでまだ観察されたことがないのは、たしかである。いかなる種類の配慮も、不死への接近の徴候だといささかでも考えられうるような結果をこれまでうみだしたことはないけれども、しかし二つの配慮のうち、身体にたいする一定の配慮は、この点で精神にたいする配慮以上の効果があるようにおもわれる。細心に、規則的に適度の食事をとり運動をする人は、一般に、知的研究にふかいりしてしばしばこうした身体の要求をしばらくわすれる人よりも健康であることがわかるであろう。すでに隠退し、おそらくその思想はその小庭のそとに飛翔《ひしょう》あるいは拡大することがあまりなく、毎朝庭園のまわりの花壇を巡回†6している市民と、知識の範囲がもっともひろく、その見解は同時代人のだれよりも明晰な学者とは、おそらくおなじ程度の寿命であろう。死亡表に注目したことのある人びとによって、女性は平均して男性よりもながいきすることが、はっきりとみとめられてきており、またわたくしは、女性の知的能力はおとっているというつもりはけっしてないが、教育のちがいにより活発な精神活動をよびおこされる女性は男性ほどおおくないことは、みとめられなければならない、とおもう。

これらの、また類似の事例において、あるいはもっと範囲をひろくとれば、数千年間存在したひじょうに多様な人物において、人間の寿命にかんして知性の作用による決定的差異はなんらみとめられないのであるから、地上における人間が死すべきことは、自然法則のうちのどれとも同様に、もっとも恒常的なものと同様に完全に確立しており、また正確におなじ基礎のうえにたっているようにおもわれる。宇宙の創造者の力の直接の行使は、なるほど、突然にか徐々にか、これらの法則の一つあるいはすべてをかえることがあるかもしれない。しかし、このような変化のなんらかの徴候なしに、そしてこのような徴候は存在しないのであるが、人間の生命が、考えられうるいかなる限界以上にも延長されうると想定することは、地球の引力はしだいに反発力にかわること、また石はついには下落しないで上昇すること、または地球は一定の時期に、あるもっと高温の太陽にむかってとびさることを想定するのとおなじように、非学問的である。

この章の[†7]結論は、うたがいもなく、ひじょうにうつくしく、のぞましい光景をわれわれに提供しているが、空想によってえがかれ、描写のうちに真理をふくまない風景画のあるもののように、自然と可能性だけがあたえることのできる興味を、心にもたらすことができない。

不死をねがう精神のひじょうに興味ある例としての、人間の生命の無限の延長にかんするゴドウィン氏およびコンドルセ氏の推論に注目せずして、わたくしはこの主題をおわることができない。これらの紳士はともに、他界における永遠の生命を絶対に約束している啓示の光を否定した。かれらはまた、あらゆる時代のもっともすぐれた知性をもつ人びとにたいして未来における霊魂の存在をしめした自然宗教の光をも否定した。だが、不死の観念は、人間の精神ときわめてよくあうので、かれらは、それをかれらの理論体系からまったくなげすててしまうことに同意できない。不死の唯一の可能な方法にかんしてあらゆる気むずかしい懐疑にふけったのち、かれらは、かれらなりの、学問的可能性のあらゆる法則に完全に矛盾するだけでなく、それ自体極度にせまく、偏向した不当な、一種の不死を導きいれる。これまでに存在した、あるいは将来数千年、おそらく数百万年ものあいだ存在するかもしれないすべての偉大な、有徳な高潔な精神は絶滅し、そして地上に同時に存在することができる数をこえない、ごく少数の人間だけが、ついには不死の栄冠をうけるだろうと、かれらは想定している。このような信条が啓示の信条として提出されたならば、宗教のすべての敵およびおそらくそうでない部類に属するゴドウィン氏とコンドルセ氏とは、それにたいして、人間の迷信的愚劣が発明しうる神のうちで、もっとも子どもっぽい、もっとも不合理な、もっとも貧弱な、もっともあわれむべき、もっとも不正な、したがってもっとも無価値なものとして、全力をふりしぼって嘲笑《ちょうしょう》したであろう。

これらの推論が、懐疑論の矛盾のなんとふしぎで興味をそそる証拠をしめしていることか。なぜなら、もっとも不変的な経験と絶対に矛盾する主張を信じることと、なにごとにも矛盾せず、ただわれわれの現在の観察と知識との力をこえているにすぎない主張を信じることとのあいだに、ひじょうにいちじるしい本質的な相違があることが、みとめられるべきだからである。[*1] われわれの周囲の自然の対象はきわめて多様であり、強力なきわめておおくの事例がわれわれの目にとまるから、われわれは、まだ観察したことのない、あるいはおそらく、われわれの現在のかぎられた知識内容をもってしては観察することができない、おおくの自然の形態と作用とがあると、考えてさしつかえないであろう。自然的肉体から霊的存在が復活することは、それ自体としては穀粒からの小麦の葉の発生、あるいはどんぐりからの樫《かし》の木の発生以上にふしぎな力の例とはおもわれない。無生物あるいは完全に成長したものしかしらず、また発育ないしは成長の過程を見たことのないような境遇にいる、一知識人を考えることができるとし、そしてべつの人がいて、かれに二つのちいさな物質、つまり小麦の穀粒とどんぐりとをしめし、かれにその気があるならそれらを試験、分析してその性質と本質との発見につとめるようのぞんだとし、そしてその後かれに、これらのちいさな物質はいかにつまらぬものにおもわれようと、選択、結合、整理という興味をそそる力と、創造力にちかいものをもっているのであって、地にまかれれば、周囲のすべての泥土および湿気のなかから、それらの目的にもっともよく適合した部分を選択し、これらの部分をふしぎな趣味、判断および実行力をもって収集、整理し、そして最初に地中におかれたちいさな物質といかなる点でもにていないうつくしいかたちに成長するであろう、とつげるとしよう。わたくしが仮定した想像上の人は、これら新奇な主張を信じるまえに、自分の周囲に見たすべてのものの原因であり、かつその実在を自覚していた全能の存在が、人間の死と腐敗とにたいするおおきな力の発揮によって、思考の本質を、実体のない、あるいはすくなくとも目に見えないかたちにつくりあげて、他界にいってもっと幸福な存在にするのだ、とおしえられたばあいよりも、いっそう躊躇《ちゅうちょ》し、もっとすぐれた典拠ともっと強力な証拠とを要求するであろうことに、わたくしはほとんどうたがいをかんじない。

われわれ自身の理解力にかんして、あとの主張に有利でない唯一の相違は、第一の奇跡*2をわれわれはくりかえし見たことがあるが、あとの奇跡を見たことがない、ということである。わたくしはこの巨大な相違の完全な重要性をみとめる。しかし啓示を問題外として、われわれの見ることのできない自然のおおくの作用のうちの一つにすぎないとおもわれる、自然的肉体からの霊的存在の復活は、地上における人間の不死、すなわちこれまでなんの徴候もしくは示唆もあらわれたことがないことがらであるだけでなく、これまでの人間の観察の範囲内にあった自然法則のうちもっとも恒常的なものの一つにたいする積極的な矛盾である地上における人間の不死よりは、はるかにおこりうることがらだと、たしかにだれも一瞬もためらうことなくいうことができる。

　わたくしはおそらく、ふたたび読者に、このようにながく一つの推論にこだわっていることをおわびすべきである。わたくしのしっているおおくの人は、その推論をあまりに不合理で、ありえないことだから、論議の必要はすこしもないとおもうであろう。しかし、わたくしが考えているほどそれがおこりえないことであり、学問の真の精神に反するものならば、率直な検討においてそうであることがなぜしめされていけないのであろうか。一見していかにおこりえないことでも、すぐれた才能のある人びとにより提唱された推論は、すくなくとも研究にあたいするようにおもわれる。わたくし自身としては、地上における人間の不死の可能性という見解にたいして、その正当化のために提出された諸現象に相当するだけの賞賛をあたえることに、なんの嫌悪もかんじない。われわれがこのようなことがらの完全な不可能性を判定するまえに、これらの現象を偏見なしに検討することは、ただ公正をつくすことにすぎない。そして、このような検討から、人間の生命は無制限に延長されると考えることは、木は無制限にたかく、あるいはジャガイモは無制限におおきくそだてられうると考えることより、もっと理由のないことだと結論してよいと、わたくしはおもう。[*3]

＊1　われわれがこの現世をこえて視野を拡大するとき、権威もしくは推論、およびおそらく実際にはあいまいかつ不明瞭な感情以外に導くものは、ほかにありえないことはあきらかである。したがって、わたくしがここでいっていることは、過去のある種の類推により徴候のしめされたことのないどんな特別のことを予期するのも非学問的であるとまえにのべたさいに、わたくしがいったことといかなる点でも矛盾しないようにおもわれる。旅した人がだれもかえってきたことのない地点をこえて視界がおよぶとき、われわれは必然的にこの規則をすてなければならないが、しかし地上で生じるとおもわれることがらにかんしては、われわれはただしい学問と矛盾することなくそれをすてることはできない。しかしながら、わたくしが考えるように、類推はおおきな幅をもつものである。たとえば、人間は自然法則のおおくを発見したが、類推は、人間がもっとおおくのものを発見するだろうということをしめしているようにおもわれる。しかし、いかなる類推も、人間が第六の感覚、すなわちわれわれの現在の観察の範囲をまったくこえた、人間精神のあたらしい種類の力を発見するだろうということをしめしているとはおもわれない。

＊2　すべての種子がしめす選択、結合および変形の力は、まことに奇跡的である。これらのちいさな物質にこうしたすばらしい能力がふくまれているとだれが想像できようか。わたくしには、自然の全能の神がこれらの作用のすべてのうちに完全にその力をあらわしている

と想定することは、はるかにいっそう学問的だとおもわれる。この全能の存在にとっては、どんぐりなしに樫の木をそだてることは、どんぐりからそだてることと同様、容易であろう。種子を地中にまく準備過程は、物質を精神に自覚させるに必要なさまざまな他の刺激のなかの一つとして、人間がするように命じられているにすぎない。世界は精神の創造と形成とのための強力な過程であると考えるのは、われわれの周囲の自然現象、人間生活のさまざまな出来事、および人間にたいする神の継続的な啓示とひとしく一致することが見いだされる思想である。このおおきな熔鉱炉から、必然的にゆがんだかたちのおおくのうつわがでてくるであろう。これらのものは無用なものとしてこわされ、なげすてられるであろう。他方、そのかたちが、真実、優雅および愛らしさにみちているうつわは、全能の創造者の面前にちかい、より幸福な場所にはこばれるであろう。

＊3 ゴドウィン氏は、人間の生命の無制限の延長という観念を、一つの推論としてしか提出していないけれども、しかしかれの考えではその想定を支持する若干の現象をしめしたのであるから、これらの現象が検討されるべきことをたしかに主張しているにちがいない。そして、このことが、わたくしのおこなおうとしたことのすべてなのである。

†1 フォスター・パウェル Foster Powell は、十八世紀の著名な健脚家で、わずかな賭金で離れ業を演じたといわれ、かれの得た最大金額は一〇ポンドとつたえられる。一七九二年に、かれは、ショアディッチからヨークミンスターまでの往復を五日一五時間一五分（一三五時間一五分）で歩いた。一七九三年、六十一歳で死亡した。

†2 『ハムレット』第三幕第一場。

†3　リチャード・ブラザーズ Richard Brothers（一七五七〜一八二四）は、自分をダヴィデの子孫でヘブライの王子と信じ、イェルサレム再建の使命を感じていた。一七九二年に王と内閣に予言を進呈した。一七九五年、大逆罪で逮捕され、触法精神障害者として病院に閉じこめられた。一八〇六年、釈放され、一八二四年に死亡した。しばらくかれの名は、どこの家でも口にされたという。

†4　テシウスもアキレスも、ともにギリシア神話中の人物。テシウスは、アテネの王アエゲウスの子、アッティカ諸国家をアテネに統一した英雄。アキレスは、ホメロス『イリアッド』にでてくるトロイ戦争のギリシア軍の英雄で、唯一の弱点のかかとを射られて倒れる。

†5　ここに関連するゴドウィンの発言は、『政治的正義』初版第二巻第八篇第七章八六八ページ〔ボナー注〕。

†6　「巡回」の原文は pudling となっているが puddling が正しい。この語は『オセロ』第三幕第四場に出ている〔ボナー注〕。

†7　「この章」とは、ゴドウィンの同書第三版第八篇第九章のこと〔ボナー注〕。

第十三章

人間をたんなる理性的存在という側面で考察しすぎているゴドウィン氏の誤謬――人間という複合的存在においては、情念はつねに理性の決定を攪乱する力として作用するであろう――強制という問題にかんするゴドウィン氏の推論――人間が相互につたえることのできない自然の若干の真理

わたくしが検討してきた章で、ゴドウィン氏は、かれの平等の制度にたいする人口の原理からの反対論を考察する、と公言している。この困難がとおい将来であるとのかれの所説が、はなはだまちがっており、それがわれわれとへだたっているのは、数万世紀でなく、実際には三〇年あるいは三〇日でさえないことが、あきらかになったと、わたくしはおもう。人間が地上における不死にちかづくという想定は、たしかにこの困難を緩和する種類のものではない。したがって、その章のなかで、反対論をしりぞける見こ

みがいくらかでもある唯一の論議は、両性間の情念の消滅にかんする推論であるが、しかしこれは、それを支持する証拠のきわめてちいさな影さえないたんなる推論であるから、反対論の力はそこなわれないままであるといってさしつかえないし、うたがいもなくこの反対論は、それ自体がゴドウィン氏の全平等制度をくつがえすにたりる圧力をもっているのである。しかしわたくしは、ゴドウィン氏の推論のきわだった部分のいくつかに一、二の考察をくわえよう。それは、かれが『政治的正義』のなかでわれわれの賛嘆の眼《まなこ》をひきつけた人間と社会との性質の巨大な進歩について、われわれが正当に希望をもつことがあまりできないことを、さらにいっそう明白にするのに役だつであろう。

ゴドウィン氏は、人間をたんに知的存在という側面からあまりに考えすぎている。この誤謬《ごびゅう》、すくなくともわたくしがそう考えるものは、かれの著作全体に滲透《しんとう》しており、かれの推論のすべてとまじりあっている。人間の自発的行動はかれらの見解に根ざしているかもしれないが、これらの見解は、理性的能力と肉体的性向との複合体においては、まったくの知性的存在であるばあいとはひじょうにちがう形成がなされるであろう。ゴドウィン氏は、健全な推論と真理とは適切につたえられうることを立証するさい、まず実際的にこの命題を検討し、そののちこうつけくわえる。「おおざっぱな実際的観点から検討したばあい、この命題がしめす外見はこのようなものである。厳密な考察においいては、それは討論の余地のないものであろう。人間は合理的存在である、などなど」。[*1] わたくしは、これをその問題の厳密な考察とよぶどころか、その問題を考察するもっとも杜撰《ずさん》なもっともあやまった方法とよぶべきだ、とおもう。それは、真空中の落下物体の速度を計算し、その物体が落下するのはいかなる抵抗物質中でも同一速度であると固執するのとおなじである。これは、ニュートンの思考方法ではない。一般命題のうちで特定の問題に適用してただしいものはごくわずかでしかない。たんに距離の自乗に反比例して変化するだけの力によって、月は地球のまわりの軌道に、地球は太陽のまわりの軌道におかれているのではない。これらの物体の転回に一般理論をただしく適用するためには、月にたいする太陽の攪乱力《こうらんりょく》および地球にたいする月の攪乱力を正確に計算する必要があるのであって、またこれらの攪乱力がただしく測定されるまで、これらの物体の運動にかんする実際の観察は、理論が厳密にはただしくないことを立証することとなったであろう。

わたくしは、すべての自発的行為に精神の決定が先行することをよろこんでみとめる。しかし、人間の肉体の性向はこれらの決定について攪乱力としてあまり強力に作用するものではないとのべることは、わたくしがその問題にかんする正当な理論だと考えているものに、奇妙に対立し、すべての経験にあきらかに矛盾する。だから、問題は、人間が明白な命題を理解するようにさせられうるかどうか、あるいは異論の余地のない論議を確信させられうるかどうかに、かかっているだけではない。真理は理性的存在としての人間に確信させることはできるであろうが、しかしかれは、複合的存在としてそれに反して行動することを決意するかもしれない。飢餓による渇望、酒をこのむこと、うつくしい女性を所有したいという欲望は、人びとをつぎのような行動にかりたてることであろう。すなわち、これらの行動が社会の一般利益にとって致命的な結果をもつことをかれらがそれらの行為をおこなっているまさにそのときにさえ、完全に自覚しているような行動にである。かれらの肉体の渇望を除去すれば、かれらはたちまちこのような行為に逆の決意をすることをためらわないであろう。他人の同様な行為についてかれらの意見をたずねれば、かれらはすぐにそれを非難するであろう。しかし、かれら自身のばあいに、またこれらの肉体の渇望のともなうあらゆる情況のもとでは、複合的存在の決定は理性的存在の確信とはことなるのである。

もしこのことがその問題にかんするただしい見解であり、理論および経験の双方がそうであることをともに立証しているとすれば、ゴドウィン氏の第七章における強制の問題にかんするかれの推論のほとんどすべては、誤謬にもとづいていることがわかるであろう。かれは、なぐることによって、人間の理性に確信をもたせたり、また人間精神のなかのうたがわしい命題をはっきりさせるこころみをばかげた考えだとしめすことに、いくらか時間をついやしている。うたがいもなく、そのこころみは不合理かつ野蛮であり、その点では闘鶏もそうである。だが、人間の刑罰の真の目的と関係がないのは、前者も後者もおなじである。刑罰の一つとしてよくおこなわれる〔実際あまりによくおこなわれすぎる〕方法は、死刑である。ゴドウィン氏は、信念をうえつけるために死刑がおこなわれるとは、考えないであろう。すくなくとも、このやりかたで啓発されても、その理解から個人あるいは社会が、おおくの将来の利益をひきだしうるとは、おもわれないのである。

人間の刑罰が意図している主要な目的は、うたがいもなく、監禁と見せしめとである。監禁とはすなわち、社会に有害であるようなわるい習慣をもつ個々の成員の除去である。また見せしめとは、特定の犯罪にかんして社会の感情を表明することにより、また犯罪と刑罰とをもっと密接かつ明白に結合することにより、他人にそれをおかすことをおもいとどまらせる道徳的動機をあたえることである。

監禁は、一時的便宜としてゆるされてよいと、ゴドウィン氏は考える。もっとも、かれは、犯罪者の道徳的改善にたいして、たしかに、もっとも成功したものであったし、また実際それだけがほとんど唯一のこころみであった独房への投獄を、非難している。

かれは、利己的情念が孤独によってそだてられること、また淑徳が社会においてうみだされることをかたっている。しかし、こうした淑徳が刑務所社会ではうまれないのは、たしかである。犯罪者は、すぐれた有徳な人たちの社会に閉じこめられるならば、おそらく孤独のなかでよりももっとよく改善されるであろう。しかし、このことは実行可能であるのか。ゴドウィン氏の才能は、実行可能な対策をしめすことよりも害悪を発見することにもちいられているほうがおおい。

たとえば、刑罰は完全に非難されている。見せしめの印象および恐怖を過度につよめる努力によって、諸国民はなるほど、もっとも野蛮な残酷さにおちいったが、しかしある慣行の乱用はその使用を否定するもっともな根拠ではない。この国において殺人犯を発見するためにとられた不屈の労苦と刑罰の確実性とは、殺人犯はおそかれはやかれ露見するという、一般民衆の口にしばしばのぼる感情をうみだすのにつよく役だったし、またその結果、殺人はおそろしいと考える習慣が、激情にもだえる人間に、復讐《ふくしゅう》の満足のために使用したいという誘惑にかられないよう、ナイフをなげすてさせるであろう。殺人者が聖域に高飛びすることにより、逃走することをしばしばゆるされるイタリアでは、犯罪は同様な嫌悪感をもって考えられたことがなく、したがって頻発する。道徳的動機の作用をよくしっている人は、もしイタリアにおけるすべての殺人が一様に処罰されたならば、われをわすれた激情にかられて短剣をつかうことは、比較的すくなかっただろうことを一瞬さえもうたがうことができない。

人間の法律が刑罰を犯罪に正確に比例させている、あるいはそうすることができると、だれも主張するおろかさをもたないであろう。動機ははかりしれないから、このことは絶対に不可能であるが、しかしこの不完全さは、一種の不正義とよばれるかもしれないが、人間の法律を否定する論議の正当な根拠ではない。人間がしばしば二つの害悪のどちらかを選択しなければならないのは、人間の運命である。そして、いかなる制度の採用にも、それがよりおおきい害悪を防止する最良の方法だとおもわれるという、じゅうぶんな理由がある。たえざる努力は、うたがいもなくこれらの制度をその性質がゆるすかぎり完全なものにする効果をあげるであろう。しかし、人間の制度の欠陥を見いだすことほど容易なことはなく、適切な実際的改良を示唆することほど困難なことはない。才能のある人であとの種類の仕事よりもまえの種類の仕事に時間をもちいる人がおおいのは、なげかわしいことである。

ありふれた諺《ことわざ》がいうように、知識のおおいもののあいだで犯罪がよくあるということは、若干の真理が精神に銘記されることはできるかもしれないが、かならずしもつねに行為に適切な影響をおよぼすとはかぎらないことを、じゅうぶんに立証している。自然の真理のうちにはそのほかに、おそらく人間相互に適切につたえあえないものがある。感覚の快楽にたいする知性の快楽の優越をゴドウィン氏は基本的真理と考えている。あらゆる事情を考慮にいれて、わたくしはかれに同意したいようにおもう。しかし、わたくしは、知的快楽をかんじたことのない人に、この真理をどのようにつたえることができるだろうか。わたくしは、盲人に色の性質とうつくしさとを説明することをこころみるようなものであろう。もしわたくしが労を惜しまず、忍耐づよく、明快であり、くりかえし説明の機会をもつとしても、わたくしの目的の達成の方向への真の進歩は絶対に絶望的だとおもわれる。われわれのあいだに共通の尺度がないのである。わたくしは、一歩一歩すすむことができない。それは絶対に例証することのできない自然の真理である。わたくしがいえることはただ、あらゆる時代のもっとも賢明かつもっともすぐれた人びとは知性の快楽をはなはだしく優先させることで意見が一致してきていること、わたくし自身の経験は完全にかれらの決定の真理を確証したこと、わたくしは感覚の快楽がむなしく、うつりやすく、またたえず倦怠《けんたい》と嫌悪とをともなうことをしったこと、しかし、知的快楽は、わたくしにはつねに新鮮でわかやいで見え、わたくしの時間のすべてを占めて満足をあたえ、人生にあたらしい興趣をあたえ、わたくしの精神に永続的静穏をもたらしたこと、だけである。もしかれがわたくしを信じるならば、それは、わたくしの権威にたいする敬意と崇拝とからにすぎず、それは軽信であって確信ではない。わたくしは、真の確信をうみだすようなことをなにもいわなかったし、またそのようなことはいうことができないのである。その問題は、推論の問題でなく、経験の問題である。かれはおそらく、回答としていうであろう、あなたのいうことはあなた自身と他のおおくの善良な人びとにかんしては、きわめてただしいであろうが、わたくし自身としては、問題をまったくべつに考えている。わたくしは、ひじょうにしばしば本を手にとるが、ほとんどそのたびにそのうえにふせってねむってしまう。しかしわたくしは、陽気な会合で、あるいはうつくしい女性と一夕をすごすとき、いきいきと元気になり、真にわたくしの生存を享受する、と。

このような情況のもとでは、推論と論議とは成功が期待されうる道具ではない。おそらく将来のある時期に、感覚的快楽の真の飽満、あるいはかれの精神の活力をめざめさせるあの偶然の印象が、もっとも忍耐づよく有能な説明でさえ四〇年間に実現できなかったことを一ヵ月で実現するということがおきるかもしれない。

＊1　第一篇第五章八九ページ（a）。

a　八九ページは、八八ページのまちがいである〔ボナー注〕。

第十四章

ゴドウィン氏の著作全体のかなめである政治的真理にかんする五つの命題は、確立されない――人口の原理からひきおこされる困窮から、人間の悪徳および道徳的弱点はけっして完全に除去されえないとわれわれが想定する理由――ゴドウィン氏がもちいていることばの意味での完成可能性は人間に適用できない――人間の真の完成可能性というものの性質の例証

まえの章の推論がただしければ、ゴドウィン氏が人間の自発的行為はかれらの見解に根ざしているという命題からひきだしている政治的真理にかんする系論も、はっきりと確立されているとはおもわれないであろう。これらの系論とは、こうである。「健全な推論と真理とは、適切に伝達されるならば、つねに誤謬に勝利せずにおかない。健全な推論および真理は、そのように伝達可能である。真理は万能である。人間の悪徳と弱点

とは克服不可能ではない。人間は完成可能、いいかえれば永遠の進歩が可能である」†1最初の三つの命題は完全な三段論法と考えられる。もし適切に伝達されるということが行為にたいする適切な影響をうみだすような確信を意味するとすれば、大前提はみとめられるかもしれないが、小前提は否定される。結論すなわち真理の万能は、もちろん崩壊する。もし適切に伝達されるということがたんに理性的能力の確信を意味するならば、大前提は否定されなければならないし、小前提は例証可能なばあいのみただしく、結論は同様に崩壊する。第四の命題をゴドウィン氏は、いいかたをすこしかえたまえの命題といっている。もしそうなら、それはまえの命題にともなって崩壊しなければならない。しかし、この論文の主要論点と関連して、人間の悪徳と道徳的弱点とはこの世界でけっして完全に克服されえないとわれわれが考える特定の理由を、研究することは、価値のあることとであろう。

ゴドウィン氏によれば、人間は、それから発生したもとの胚種《はいしゅ》が生をうけた最初の瞬間から、かれがうけた継続的印象によって、現在のようなものに形成された被造物である。もしかれが、どんな有害な印象をもうけない境遇におかれるならば、このような境遇に淑徳が存在しうるかどうかはうたがわしくおもわれるけれども、悪徳はたしかに消滅するであろう。政治的正義にかんするゴドウィン氏の著作のおおきな特徴は、もしわたくしがただしく理解しているとすれば、人間の悪徳および弱点の大部分は、かれらの政治的および社会的制度の不正からうまれていること、またもしこれらのものが除去されて、人間の理性がいっそう啓発されれば、世界には悪徳にたいする誘惑は、ほとんどあるいはまったく存在しないであろう、としめそうとしていることにある。しかしながら、このことはまったくあやまった考えであり、またいかなる政治的あるいは社会的制度からも独立に、人類の大部分は、固定した不変の自然法則から、他の情念から以外にも、欠乏から生じる有害な誘惑にしたがわざるをえないことに、すでに明白に立証された〔すくなくともわたくしはそうおもう〕のだから、ゴドウィン氏の人間の定義からすれば、このような印象および印象の結合は、世のなかにひろまるときさまざまな悪人をうみださずにおかない、という結論になる。ゴドウィン氏自身の、性格形成についての考えによれば、このような情況のもとですべての人間が道徳的になることは、さいころで一〇〇度つづけて六の目がでるということと同様、たしかにありえないことである。さいころを連続してなげたときの組合せのひじょうな多様性は、各個人が最初の出現以来うける印象の組合せによって現在のような人間につくられるのだと想定すれば、世界に必然的に存在するにちがいない性格のひじょうな多様性をあらわしていなくはないと、わたくしにはおもわれる。そして、この比較は、ある程度、例外が一般的規則となること、異常で異例な組合せが頻発すること、あるいは世界のあらゆる時代にあらわれた高潔な個人の例がいつか世界にひろまることを想定すること、の不合理性をしめしているであろう。

わたくしは、ゴドウィン氏がつぎのようにいうかもしれないことを承知している。すなわち、その比較は一つの点で不正確である、さいころのばあいには、先行原因、というよりもむしろ先行原因にかんする機会は、つねに同一であったし、またしたがって、六の目が、まえにおなじ回数なげたときよりつぎの一〇〇回なげるときのほうがおおくでると考える正当な理由はありえなかった。しかし、人間は、性格を形成する原因に影響をあたえる力をある程度もっていたし、また必然的にうけたにちがいない影響によってうみだされたすべての善良かつ有徳の人は、他のこのように有徳な人物がうまれる可能性をかなり増大させたのであって、それに反してさいころの六の目が一度でることは、二度目にそれがでることの可能性を増大させなかったのはたしかである、と。わたくしはその比較の正確さにたいするこの反論を承認するが、しかしそれは部分的に妥当するだけである。もっとも有徳な人物の影響ですら悪徳にたいする非常につよい誘惑にうちかつことはまれであることをくりかえし経験が確証している。それは、うたがいもなくあるものに影響するであろうが、はるかに大多数のものには影響しないであろう。ゴドウィン氏が、悪徳にたいするこれらの誘惑は人間の努力によって除去されうると立証するこころみに成功したならば、わたくしは比較をやめるつもりであるし、あるいはすくなくとも、人間は肘《ひじ》のふりかたにかんして毎回六の目をなげることができるほど、教化されることができるかもしれない、ということをみとめよう。しかし、性格を形成する印象の大多数が腕のみごとな運動と同様、絶対に人間の意志とは独立であるかぎり、世界の将来の時期における美徳と悪徳との相対比率を計算するこころみは、愚と厚顔との骨頂であろうけれども、大多数の人のことを考えれば人類の悪徳と道徳的よわさとは不敗である、と主張してさしつかえないであろう。

第五の命題は、前四者からの全体的帰結であり、またしたがって、それをささえる基礎がくずれたのであるから、崩壊するであろう。完成可能《パーフェクティブル》なということばをゴドウィン氏が理解している意味では、人間の完成可能性は、まえの諸命題が明白に確立されることができないかぎり、主張されることはできない。しかしながら、そのことばがもつおそらくただしい意味が一つある。人間はつねに進歩が可能であること、あるいは人間の歴史のうちで、最大可能な完成点に達したといわれうる時間はかつてなかったし、将来もないであろうということは、ただしく主張することができるであろう。だが、このことから、人間を改善するわれわれの努力がつねに成功する、あるいはさらに人間はひじょうにながい年月のうちには完成にむかって巨歩をすすめるだろうということには、けっしてならないのである。それからひきだすことのできる唯一の推論は、人間の進歩の正確な限界はおそらくしることができないということである。そしてわたくしは、ふたたび読者に、現在の問題でとくに注意すべきだとわたくしにおもわれる区分、つまり無限の進歩と、その限界が確定できない進歩とのあいだにある基本的相違を想起していただかないわけにいかない。前者は、現在の自然法則のもとでは人間に適用できない進歩であり、後者はうたがいもなく適用可能である。

人間の真の完成可能性は、まえにわたくしがのべたように、植物の完成可能性によって例証されるであろう。積極的な花弁栽培者の目的は、わたくしの考えでは、おおきさ、均斉および色彩の美を結合することである。これらの資質が可能な最大限の完成状態で存在するカーネーションをえたと、もっとも成功した改良家が主張するのは、たしかに厚顔であるだろう。この花がいかにうつくしくとも、べつな配慮、べつな土壌、あるいはべつな日ざしがさらにもっとうつくしいものをつくりだすかもしれないのである。だが、かれは、完成に到達したと想定する不合理に気づいているかもしれず、また現在所有している程度のうつくしさの花をどのような手段で手にいれたかをしっているであろうが、それでも、かれは同様な手段を追求し、かなり力を増大させても、もっとうつくしい花をえられる確信をもつことができない。ある資質を改善することにつとめて、かれはべつの資質の美をそこなうかもしれない。かれが植物のおおきさをますためにもっと肥沃《ひよく》な土をもちいれば、おそらく萼《がく》をやぶり、同時に均斉をくずすであろう。同様にして、フランス革命を実現し、人間精神によっておおきな自由と活気とをあたえるためにもちいられた促成肥料は、あらゆる社会の抑制的紐帯《ちゅうたい》であった人間性という萼をやぶったし、またそれぞれの花弁はどれほどおおきく成長したとしても、たとえそのうちのわずかなものがきわだってつよく、あるいはうつくしくさえなったとしても、全体はいまや、結合、均斉、あるいは色彩の調和のない、ゆるんだ、ゆがんだ、まとまりのない大衆である。

なでしこおよびカーネーションを改良することが重大ならば、われわれは、それらをキャベツほどおおきくそだてるのぞみはもちえないけれども、努力の連続によって、うたがいもなく、現在われわれのもっているものよりうつくしい種をえることを期待していいであろう。だれも人種の幸福を増進する重要性を否定できない。この点にかんするすべての前進は、ごくわずかなものでさえ、きわめて貴重である。しかし、人類についての実験は、生命のない対象にたいする実験とはちがう。花がやぶれることは些細《ささい》なことであるかもしれない。べつの人がまもなくそれに成功するであろう。しかし、社会の紐帯がやぶれることは、各部分がばらばらとなって、数千人に、もっともするどい苦痛をあたえずにはおかないし、そして傷がふたたびなおるまで、ながい時間が経過し、おおくの不幸がたえしのばれるであろう。

わたくしが検討してきた五つの命題はゴドウィン氏の空想的理論構造の礎石と考えられてよく、また実際、かれの著作全体の目的と傾向とをあらわしていると考えられてよいのであるから、付随的理論のおおくがいかにすぐれていても、くわだてた大目的の達成にかれは失敗したと考えられなければならない。かれがけっしてじゅうぶんに解決していない、人間の複合的性格から生じる困難をべつとしても、人間と社会との完成可能性にたいするおもな反対論は、かれの提出したいかなる論議によってもそこなわれずにそのままのこっている。そしてわたくしが自分自身の判断を信頼するかぎりでは、この反対論は、ゴドウィン氏が理解しているそのことばのひろい意味での人間の完成可能性にたいしてだけでなく、一般社会の形態と構造とにかんするなんらかの目だったいちじるしい改善にたいしても、きっぱりと反論しているようにおもわれる。わたくしが一般社会の形態と構造とにかんするなんらかの目だったいちじるしい改善という意味は、人類のうちでもっとも多数の、またしたがってその問題を概観するときに人類のもっとも重要な部分である下層諸階級の状態の、なんらかのおおきな決定的改善ということである。わたくしが、かりに一〇〇〇年も生きて、そして自然法則が同一のままであるとするならば、ながく人の住みついてきた国では富者があらゆる犠牲あるいは努力をはらっても、境遇にかんして社会の下層諸階級の状態をおよそ三〇年まえの北アメリカ合衆国の一般民衆の状態とおなじにすることはいささかのあいだでもできない、と主張しても、経験と矛盾するおそれはない、あるいはむしろ矛盾するのぞみはないであろう。

ヨーロッパの下層諸階級は、将来のある時期には、現在よりもよい教育をうけるかもしれない。かれらは、自分たちのわずかなひまの時間を居酒屋ですごすよりも、おおくのもっとよい方法でもちいることをおしえられるかもしれない。かれらはおそらくいかなる国においてもこれまでそうであったより、もっとよいもっと平等な法律のもとで生活するかもしれない。またわたくしはさらに、かれらがもっとおおくの閑暇をもつかもしれないことを、おこりうるとはおもわないけれども、考えられうることとおもう。しかし、かれらが、多数の家族を容易に扶養できるという完全な自信をもって、早期に結婚できるほどの貨幣量すなわち生活資料をあたえられるようになることは、事の性質上ないことである。

†1　この引用文はゴドウィンの『政治的正義』第三版第一巻八六ページからのもの〔ボナー注〕。

第十五章

あまりに完全な模範はときとして改善を促進するよりも阻害することがある――ゴドウィン氏の貪欲および浪費論――社会の必要労働を全員になかよく配分することの不可能性――労働にたいする痛罵は将来の利益をうみだす見こみをほとんど、あるいはまったくもたず、現在の害悪をうみだすであろう――農業労働の量の増大はつねに労働者にとって利益となるにちがいない

ゴドウィン氏は、その『研究者』の序で、『政治的正義』を書いて以来のかれの見解のある変化を示唆するとおもわれる若干の表現をにじませている。そして後者はいままでは出版以来数年たった著作であるから、わたくしは、著者がみずから変更の理由をみとめた見解に反論してきたと考えるべきであろうが、しかし『研究者』のなかの論文のあるものにはゴドウィン氏特有の思考様式があいかわらず顕著にあらわれていることをも、

たしかに考えるべきである。

われわれはいかなることにおいても完成に到達するのぞみをもちえないけれども、それでもわれわれの眼前にもっとも完成した模範をおくことがつねに有益であるにちがいないと、しばしばいわれてきた。このことばは、もっともらしい外見をしているが、一般的真理というわけではない。わたくしは、よくおこるもっとも明白な例の一つにおいて、その真理性さえもうたがう。わかい画家がりっぱに完成された完全な絵画を模写するこころみから、輪郭がもっとはっきりしており、色をぬる方法ももっと容易に発見できるものを模写するのと同様の利益をうけとるかどうか、わたくしには疑問である。しかし、模範の完成状態が、われわれが当然それにむかってすすむべきものとはちがう、もっと質のすぐれた完成状態であるばあい、われわれは、つねにその模範にむかってなんらの進歩をとげえないだけでなく、完成された模範に目を固定させなければとげたとおもわれた進歩をそれはおそらく阻止するであろう。飢餓あるいは睡眠という脆弱《ぜいじゃく》な要求からまぬがれているきわめて知性的な存在は、うたがいもなく人間よりも完成された存在であるが、人間は、もしこのような模範をまねることをこころみるならば、その方向への前進をなんらとげえないだけでなく、まねできないことをまねするおろかな努力により、改善しようとつとめていたわずかな知性をもおそらく破壊するであろう。

ゴドウィン氏がえがいている社会の形態と構造とは、食糧あるいは睡眠なしに生きることのできる存在が人間と基本的にちがうように、これまで世界にひろまっていたいかなる形態の社会とも基本的にちがうものである。現在の形態の社会を改善することによっては、かれのえがいているような状態にむかってわれわれがなんの前進もとげないことは、われわれがそれを平行にあるいているその線のほうにちかづいていかないのとおなじである。それゆえ、問題は、このような形態の社会をわれわれの北極星としてあおぐことによって、われわれが人類の改善を促進するのか阻止するのか、ということである。ゴドウィン氏は、『研究者』の貪欲と浪費とにかんする論文において、この問題に決断をくだしたのだが、それは自己矛盾をおかしているように、わたくしにはおもわれる。

アダム・スミス博士は、諸個人だけでなく諸国民は倹約により富を、浪費により貧困をそだてる、それゆえすべての節約家は祖国の友人であり、すべての浪費家はその敵である、ときわめて正当にものべた。かれのしめしている理由は、収入から貯蓄されたものはつねに資財《ストック》につけくわえられ、またしたがって、一般に不生産的である労働の維持からひきあげられて、価値ある商品に自己を実現する労働の維持にもちいられる、ということである。これ以上あきらかにただしい考察はありえない。ゴドウィン氏の論文の主題は、一見するとすこしにているが、本質においてはまったくべつのものである。かれは、浪費の害悪を周知の真理と考えており、したがって貪欲な人と自分の所得を費消してしまう人との比較をしている。しかしゴドウィン氏の貪欲な人は、すくなくとも国の繁栄にたいするその影響にかんして、アダム・スミス博士の節約家とはまったくことなる性格である。貨幣を増大させるために、節約家は自分の所得から貯蓄をし、自分の資本につけくわえる。そしてこの資本をかれは自分で生産的労働の維持にもちいるか、あるいはおそらくこのような方法でもちいるある他人にそれを貸しつける。かれは国に利益をあたえる。なぜなら、かれは国の総資本をふやすからであり、また資本としてもちいられる富は、所得として費消されるばあいよりもおおくの労働をうごかすだけでなく、労働はそのうえ、いっそう価値のある種類のものだからである。しかし、ゴドウィン氏の貪欲な人は、富を金庫のなかにいれて鍵《かぎ》をかけておき、生産的あるいは不生産的のいずれの種類の労働をもうごかさない。このことは、きわめて本質的な相違であるから、アダム・スミス博士の命題があきらかにただしいように、その論文におけるゴドウィン氏の結論は、あきらかにまちがいであることがただちに判明する。このように労働の維持に予定されていた基金を鍵をかけてしまいこむ結果、現在あるような不都合がいくらか貧民に生じるかもしれないと、ゴドウィン氏がおもいつかないわけはなかった。

したがって、この反対論をよわめる唯一の方法としてかれのとったものは、われわれが北極星として目をつねに固定させるべきだとかれのいう平等の確立した幸福な状態の到来を促進する傾向を主として、二人の性格を比較することである。

このような状態の社会は絶対に実現不可能であることは、この論文のまえの部分で立証されたと、わたくしはおもう。それでは、われわれは、政治的発見という大海のなかで、このような点をわれわれの指標および北極星として見ることから、どんな結果を期待できるだろうか。理性はわれわれに、永久の逆風、不断のむだな労苦、頻発する難破と確実な不幸以外のものを期待しないようおしえるであろう。われわれは、このような完成された社会形態の方向への真の接近をいささかもとげえないだけでなく、前進することの不可能な方向にわれわれの精神および肉体の力を浪費することによって、また失敗のくりかえしにより必然的にしばしば生じるにちがいない困窮によって、実際に達成可能な程度の社会の改善をあきらかに阻害するであろう。

ゴドウィン氏の制度にしたがってつくられる社会は、われわれの不可避的な自然法則から、財産所有者階級と労働者階級とに堕落せざるをえないし、また社会の動力因として、利己心に慈愛がとってかわることは、そのようにうつくしい名前から期待される幸福な結果をうみださないで、いま一部分だけかんじられているのとおなじ欠乏の圧力を、社会の全員にかんじられるようにするだろうということが、あきらかとなった。人間の才能がもっとも高貴に発揮されたすべてのもの、精神の一段とすばらしく繊細な感情のすべて、まさに文明状態を未開状態から区別するもののすべてについて、われわれがおかげをうけているのは、既存の財産制度であり、あきらかに狭隘《きょうあい》な利己心の原理なのである。そして、文明人の性質のなかには、かれがこの高所にのぼってきた梯子《はしご》をすてさってもさしつかえない状態にある、あるいは将来そうなると、われわれがいえるようなじゅうぶんな変化は、まだ生じたことがないのである。

未開状態をのりこえたすべての社会において、財産所有者階級と労働者階級[*1]とはかならず存在しなければならないとすれば、労働は労働者階級の唯一の財産であるから、この財産の価値を減少させるかたむきのあるすべてのものが、社会のこの部分の人びとの所有物を減少させるかたむきがあるにちがいないことはあきらかである。貧しいものが独立して自分を維持する唯一の方法は、かれの体力の発揮である。これは、生活必需品と交換にかれが提供しなければならない唯一の商品である。だから、この商品の市場をせばめ、労働需要を減少させ、またかれが所有する唯一の財産の価値を減少させることによって、あなたがかれに利益をあたえるとは、おもわれないであろう。

ゴドウィン氏はおそらくつぎのようにいうであろう、交易および交換の全制度は、いやしい不正な取引である。もしあなたが、貧民を本質的に救済するつもりであれば、あなたはかれの労働の一部を自身にひきうけるか、あるいは苛酷《かこく》な代価を課することなくあなたの貨幣をあたえるべきである、と。提案された第一の方法への回答としては、たとえ富者がこのようにして貧民を援助する気になることができたとしても、援助の額は比較的とるにたりない、といえるであろう。富者は、みずからをひじょうに重要だと考えているけれども、数の点で貧民に比してほんのわずかでしかなく、したがって持ち分をひきうけるとしてもかれらの負担のほんのわずかな部分しか救助できないであろう。奢侈品《しゃしひん》（生産）の労働にもちいられている人のすべてが、必需品の生産にもちいられている人数につけくわえられるならば、またこれらの必要労働がなかよく全員に配分されることができるならば、各人のわけまえは、なるほど比較的かるくなるであろうが、このようになかよく配分することはうたがいもなくのぞましいけれども、わたくしは、それがおこなわれうる実際的原理を[*2]、まったく考えることができない。ゴドウィン氏がのべている厳格で公正な正義によって導かれる慈愛の精神は、もし活発に作用するとすれば、全人類を欠乏と不幸とのうちにおとしいれるであろう。もし財産所有者が自分につつましやかなわけまえをのこして、ひきかえに仕事を課することなく残余を貧民にあたえてしまうとすれば、結果がどうなるかを検討しよう。このような手続きが、もし一般化すれば、おそらく現在の社会状態においてつくりだす怠惰と悪徳、および奢侈品（生産）の労働だけでなく土地の生産物をも減少させるおおきな危険についてはいわないとしても、なおもう一つの反対論がのこる。

人口の原理から、じゅうぶんに供給をうけることができる人数をこえたものはつねに欠乏していることが、あきらかとなった。富者の剰余は三人にはじゅうぶんであるかもしれないが、四人がそれを入手したいとおもうであろう。かれが四人のなかから三人をえらぶことは、かれの選択の対象である人たちにおおきな恩顧をあたえずにはおかない。これらの人たちは、かれにひじょうな義理があると考え、扶養をかれにたよっていると考えるにちがいない。富者は自分の力をかんじ、貧者は従属をかんじるであろう。そしてこれら二つの印象が人間の心におよぼす悪影響はよくしられている。だから、わたくしは、困難な労働の害悪についてゴドウィン氏と完全に意見が一致するけれども、それでもなお、それは従属より害がすくなく、人間精神を堕落させることがすくない、とおもう。そしてわれわれがかつて読んだ人間のあらゆる歴史は、不断の権力をゆだねられている人がさらされている危険を、つよくしめしているのである。

現在の状態においては、またとくに労働が要求されているばあいには、わたくしのために一日の仕事をする人は、わたくしがかれにおわせるのと完全に同量の義務をわたくしにおわせる。わたくしは、かれが必要とするものを所有している。かれは、わたくしが必要とするものを所有している。われわれは、なかよく交換する。貧しい人は独立を意識して背をのばしてあるくし、かれの雇用主の精神は権力の感覚によってけがされていない。

三〇〇ないし四〇〇年まえ、うたがいもなく、イングランドには現在にくらべて人口のわりに労働はすくなかったが、しかし、従属ははるかにおおかった。そしてもし貧民が製造工業の導入によって、大領主の恩顧にたよることがなくなり、その食糧と交換になにかあるものを提供できるようになったということがなければ、われわれは現在程度の市民的自由をいま享受していないであろう。商業《トレード》および製造工業のもっとも強力な敵でさえ、そしてわたくしは自分自身をそれらの商業およびきわめてしっかりした友人とはおもっていないのであるが、それらがイングランドに導入されたときに、自由がそれらにつづいて到来したことをみとめなければならない。

これまでいわれたことは、ほんのわずかでも慈愛の原理を過小評価するものではない。それは、おそらく利己心からゆっくりとしだいにうみだされた、人間の心のもっとも高貴な神にた資質の一つであり、のちに一般法則として作用するようにされたものであるが、それにもっともふさわしい職務は、それの親（利己心）の部分的なゆがみを訂正し、邪険なところを是正し、しわをのばすことでなければならない。そして自然界すべてにこのことと類似のことがあるようにおもわれる。すくなくともわれわれには、部分的害悪をうみだすようにおもわれない自然の一般法則はおそらく一つもない。同時にわれわれはしばしば、べつの一般法則として作用しながら、前者の不平等を是正する、ある種の恩愛にとむ規定を見ている。

慈愛のただしい職務は、利己心から生じる部分的害悪を訂正することであるが、けっしてそれにとってかわることはできない。もしだれも、自分の遂行しようとする行為が他のいかなるものにもまして一般的利益をもたらすという完全な確信をもつまで、行為することをみずからにゆるさないとすれば、もっとも知性ある人は困惑とおどろきとをかんじてためらうであろうし、知性のない人はたえずもっともおおきな誤謬《ごびゅう》をおかしつづけるであろう。

それゆえ、ゴドウィン氏は、必要な農業労働がなかよく労働者階級全体にわけあわれる実際的原理をなにも提出しなかったのだから、貧民を雇用することにたいして一般的に罵倒《ばとう》していることからすれば、現在のおおくの害悪を通じては達成不可能な利益を追求しているようにおもわれる。というわけは、もし貧民を雇用するすべての人が、貧民の敵であり、またかれらの抑圧の重量を増大させつつあると考えられるべきであれば、またもしこの理由から吝嗇家《りんしょくか》が所得を費消する人よりこのましいとされるならば、現在所得を費消しているおおくの人が吝嗇家に転向したほうが社会の利益になる、ということになる。そうだとすれば、いまそれぞれ一〇人を雇用している一〇万人の人がその富に鍵をかけて一般的使用をやめると想定しよう。さまざまな種類の一〇〇万人の労働者が完全にあらゆる雇用からなげだされることは、あきらかである。このようなことが現在の社会状態でうみだす広範な不幸をゴドウィン氏自身はみとめることを拒否できないであろう。そしてわたくしは、この種の行為が、その所得を費消する人たちの行為よりも「人類をおかれるべき状態におく」ものであると立証することに、かれが若干の困難をかんじるのではないか、と疑問におもう。

　しかし、ゴドウィン氏はいう、吝嗇家は実際にはなににも鍵をかけない、論点はただしく理解されなかった、また富の真の増大とその性質の定義とがそれを例証するために適用されなかった、と。したがって、富をきわめて正当にも、人間労働によって生産、育成された諸商品と定義して、吝嗇家は穀物、牛、衣類、家のいずれにも鍵をかけてしまいこまないと、かれはいう。うたがいもなく、かれは実際にこれらの物品に鍵をかけてしまいこまないが、しかしかれは、それらを生産する力に鍵をかけるのであって、それは実質的におなじことである。これらのものはたしかに、かれの同時代人によって使用、消費されるのであって、それは、かれが乞食であるばあいとおなじく、まちがいなく、その程度も同様であるが、しかしかれが自分の富を土地のいっそうの開墾、牛の飼育の増大、仕立職人の雇用の増大、および家の建築の増大にもちいるばあいにはとてもおよばない。しかし、しばらく、吝嗇家の行為は真に有用な生産をなんら阻止する傾向がないと想定しても、失業したもののすべては、社会によって生産される食糧および衣服の適当なわけまえをあたえられるためにしめす特許証を、いかにして獲得すべきなのか。このことは、克服できない困難である。

世界には真の必要以上に労働があること、また、もし社会の下層階級が一日に六時間あるいは七時間以上はたらかないことに自分たちで協定できても、人間の幸福に欠くことのできない諸商品はなお、現在と同様に豊富に生産されるだろうということについて、わたくしはゴドウィン氏にまったくよろこんで譲歩する。しかし、このような協定が遵守されると考えることは、ほとんど不可能である。人口の原理から、あるものが他ののよりかならずいっそう困窮しているであろう。大家族をもつ人びとは、当然にさらに二時間の労働をもっと多量の生活資料と交換したくおもうであろう。かれらが、この交換をおこなうのを、どのようにして阻止することができるであろうか。積極的な諸制度によって、人間自身の労働にたいする支配権に干渉するこころみは、人間がもつ第一にしてもっとも神聖な所有の蹂躙《じゅうりん》であろう。

だから、ゴドウィン氏が、社会の必要労働が公正に配分されるある実際的計画を指摘できないうちは、労働にたいするかれの悪罵《あくば》は、よく注意して見るならば、おおくの現在の害悪をうみだすことはたしかであって、かれが北極星と期待し、現在人間の行為の性質と傾向とを決定するさいの指標とすべきだと考えているようにおもわれる、あの平等の確立した状態にわれわれをちかづけることはないであろう。このような北極星に導かれる航海者には難破の危険がある。

おそらく富が一般的には国家にとって、また特殊的にはその下層諸階級にとって有益にもちいられる方法のうち、農業者にとって耕作の費用をつぐなわない土地を改良し、生産的にすることにまさるものは考えられない。ゴドウィン氏が、せまくかたよった奢侈品(生産)に雇用する人物よりも、このような方法で貧民を雇用する人物のすぐれた価値と有用性とをえがくことに、その精力的な雄弁をふるったならば、すべての知識ある人はかれの努力を賞賛したにちがいない。農業労働の需要の増大はつねに、貧民の状態を改善する傾向をもつにちがいないし、また、仕事の増大がこの種のものであれば、貧民はまえに八時間はたらいたときとおなじ価格で一〇時間はたらかなければならなくなるのでなく、まさにその逆が事実となるであろうし、そうなれば労働者は、まえに八時間労働で可能であったときと同様に、六時間労働によって妻と家族とをよく扶養できるであろう。

奢侈品（生産）によりつくりだされる労働は、国の生産物を分配するのに有用ではあるけれども、財産所有者を権力のために堕落させ、あるいは労働者を従属のためにいやしくしないではおかず、貧民の状態に（農業労働と）おなじ有益な効果をおよぼさない。製造工業の仕事のおおきな増大は、農業労働の需要の増大よりさらにいっそう労働の価格を騰貴させるかもしれないけれども、それでも、このばあいは、その国の食糧の量はそれに比例して増大しないので、食糧の価格が労働の価格にくらべて必然的に騰貴するにちがいないから、貧民にとっての利益は一時的にすぎないであろう。この問題にかんして、わたくしは、アダム・スミス博士の『国富論』の一部分にたいして若干の評言をあえてせざるをえないのであるが、それをのべるのと同時に、わたくしは、これほど正当に政界において賞賛されている人とちがった見解をもつことに気おくれをかんじざるをえないのも、たしかである。

＊1　この論文のおもな論点は、財産所有者階級と労働者階級との必然性を立証することにあるだけであって、現在のおおきな財産の不平等が社会にとって必要あるいは有用だというの

ではけっしてないことが、注意されるべきである。逆に、それは害悪とたしかに考えられなければならず、またそれを促進するすべての制度は本質的にわるいものであり、不得策である。しかし、統治機関が財産の不平等を抑圧するために積極的に干渉して社会に利益があるかどうかは、うたがわしい問題である。おそらく、アダム・スミス博士およびフランス・エコノミストたち（a）の採用した完全に自由な寛容の制度をいかなる抑圧的制度ととりかえても、結果はわるいであろう。

a　フランス重農主義経済学者たちのこと。

＊2　ゴドウィン氏は実際的原理にあまりにも敬意をはらわないようにおもわれる。しかし、わたくしは告白するが、わたくしには、現在の社会状態のゆがみと他の状態のうつくしさとをながながと論じるだけで、前者から後者への前進を促進する、ただちに応用できる実際的方法を指摘しない人よりも、それよりおとる利益であってもそれが達成されうる方法を指摘する人のほうが、人類にとってはるかに偉大な恩人であるようにおもわれる。

第十六章

アダム・スミス博士が、社会の収入あるいは資財のすべての増大を労働の維持のための基金の増大と考えているのは、おそらくあやまりである——富の増加が貧しい労働者の状態を改善する傾向をもちえない例——イングランドは労働の維持のための基金の比例的増加なしに富を増大させた——中国の貧民の状態は製造工業からの富の増大によって改善されないであろう

アダム・スミス博士の研究の明示された目的は、諸国民の富の性質と原因とである。しかしながら、かれがときおりそれにからませている、おそらくなおいっそう興味あるべつな研究がある。わたくしのいうのは、諸国民の幸福、あるいはすべての国民における最大多数をしめる階級である社会の下層諸階層の幸福と安楽に影響する原因についての研究である。わたくしは、これら二つの主題の密接な関連をよく承知しているし、一

国の富を増大させる傾向のある諸原因はまた、一般的にいえば、下層諸階級の人びとの幸福を増大させる傾向があることもよく承知している。しかしおそらく、アダム・スミス博士は、これら二つの研究を実際以上に密接に関連するものと考え、すくなくとも、社会の富が〔かれの富の定義にしたがえば〕増大しても、労働する人びとの安楽を増大させる傾向をなんらもたないことがある諸事例に、ふれることをやめてしまった。わたくしは、人間のただしい幸福を構成するものはなにかという学問的論議にたちいるつもりはないが、ただ二つの一般に承認されている要素、つまり健康と、生活必需品および便宜品にたいする支配とを考慮するだけにする。

貧しい労働者の安楽が、労働の維持に予定されている基金の増大に依存するものであり、そして、この増大の運動にきわめて正確に比例することは、ほとんどあるいはまったく、うたがいの存在しえないことである。このような増大がひきおこす労働需要は、市場での競争をつくりだすことによって、必然的に労働の価値を騰貴させるにちがいないし、また必要な数の追加労働者が成長するまで、増大した基金は、増大するまえとおなじ人数に分配され、したがってすべての労働者が比較的安楽に生活するであろう。しかしおそらく、アダム・スミス博士は、社会の収入あるいは資財のすべての増加がこれら基金の増加であると考えていることで、まちがっている。このような剰余の資財あるいは収入は実際つねに、それを所有する個人によって、もっとおおくの労働を維持できる追加基金と考えられるであろうが、しかしそれは、社会の資財あるいは収入の増大の全部、あるいはすくなくとも大部分がそれに比例した量の食糧にかえられないかぎり、追加労働者数の維持のための真実かつ有効な基金ではないであろうし、またそれは、その増加が労働の生産物からだけ生じたのであって、土地の生産物から生じたのではないばあいには、食糧にかえられるものではないであろう。このばあい、社会の資財が雇用しうる労働者の数と土地が扶養しうるその数との区別が、生じるであろう。

一例をあげて説明しよう。アダム・スミス博士は、一国民の富をその土地と労働との年々の生産物であると定義している。この定義はあきらかに、土地の生産物だけでなく工業製品をふくんでいる。いま、一国民がある年月、その年収入から貯蓄したものを工業資本にだけくわえて、土地にもちいられる資本にくわえないと想定すれば、さきの定義により、その国民は、よりおおくの労働者を扶養する力がなく、またしたがって労働の維持のための真の基金の増大なしに、富裕となるであろう。それにもかかわらず、各製造工業家がもっている、あるいはすくなくとももっていると考えている、かれのふるい営業資本を拡大する力あるいは新工場を設立する力から、労働需要が生じるであろう。この需要はもちろん、労働の価格を騰貴させるであろうが、しかしもしその国の食糧の年々の貯蔵が増大しなければ、この騰貴はまもなく、食糧価格が必然的にそれとともに騰貴せずにおかないから、たんに名目的にすぎないことがわかるであろう。工業労働者にたいする需要は、実際、農業からおおくの人びとを誘引し、したがって土地の年々の生産額を減少させるかたむきがあるかもしれない。しかしわれわれは、この種のいかなる影響も農業用具の改良によってつぐなわれ、したがって食糧の量は同一のままであると想定しよう。工業用機械の改良はもとより生じるであろうし、また製造工業にもちいられるよりおおくの労働者にくわえて、この事情はその国の労働の年々の生産物を全体としていちじるしく増大させるであろう。だから、その国の富は、定義によれば毎年増大するであろうが、それもおそらくあまりゆっくりと増大しているのではないであろう。

問題は、このようにして増大する富が貧しい労働者の状態を改善するなんらかの傾向をもっているのかどうか、ということである。労働の価格におけるいかなる一般的騰貴も、食糧の貯蔵が同一のままであれば、すぐに食糧の比例的騰貴がつづくにちがいないから、名目的騰貴でしかありえないことは、自明の命題である。したがって、われわれが規定した労働の価格の騰貴は、生活必需品および便宜品にたいする貧しい労働者の支配権を増大させることにほとんど、あるいはまったく影響をもたないであろう。この点では、かれらはまえとほとんどおなじ状態にあるであろう。もう一つべつな点では、かれらは、いっそう悪化した状態にあるであろう。かれらのうちの多数の部分が製造工業に、したがって少数のものが農業に、雇用されるであろう。そしてこの職業の交換は、人間のうつろいやすい趣味、戦争という偶発事、およびその他の原因から生じる工業労働の不安定性がいっそうおおきいということのほかに、幸福の一つの重要な要素である健康という点で、あまりこのましくないことが、すべての人にみとめられると、わたくしはおもう。

食糧価格の騰貴はただちに若干の追加資本を農業のほうにむけるであろうから、わたくしが想定したような事例はおこることがない、とおそらくいわれるかもしれない。しかし、このことは、きわめてゆっくりとしかおこらないことである。なぜなら、注目されるべきことであるが、労働の価格の騰貴が、食糧の騰貴に先行したのであって、したがって、そうでなければ土地の生産物の価値の増大がひきおこしたかもしれない農業上の好結果を、阻害するとおもわれるからである。

その国の追加資本は、その資財が雇用しえたものの維持にじゅうぶんな食糧の輸入を可能にするだけだろう、とあるいはいわれるかもしれない。大海軍とおおきな国内輸送施設とをもつちいさな国、たとえばオランダは、なるほど有効な量の食糧を輸入、配分できるかもしれない。しかし食糧の価格は、この点ではめぐまれていない情況にあるおおきな国では、このような輸入と配分とをかなえさせるためには、ひじょうにたかくならざるをえない。

わたくしが想定したような事例は、厳密にはおそらく生じたことがないかもしれない。しかしわたくしは、それにちかい事例はあまり苦労してさがさなくても見いだされることをうたがわない。実際わたくしは、イングランド自身が、(名誉)革命以来、問題の論点のひじょうに顕著な解明をあたえている、と強固に信じている。

この国の対外ならびに対内取引はたしかに、前世紀に急速に増大した。ヨーロッパ市場において、その土地と労働との年々の生産物の交換価値は、うたがいもなくひじょうにおおきく増大した。しかし、検討してみると、その増大はおもに労働の生産物についてであって、土地の生産物ではなく、したがって国民の富ははやい速度で増大してきたけれども、労働の維持のための有効な基金はきわめてゆっくりとしか増大せず、そしてその結果は、予期されるとおりのものであることが、わかるであろう。国民の富の増大は、貧しい労働者の状態を改善する傾向をほとんど、あるいはまったくもたない。かれらは、生活必需品と便宜品にたいする支配権を増大させていないと、わたくしは信じる。かれらのうち、(名誉)革命の時期よりはるかにおおくの部分が、製造工業に雇用されて、密閉した不健全な部屋にむらがっている。

イングランドの人口は（名誉）革命以来減少したというプライス博士の所説を、われわれが信じることができるとすれば、労働の維持のための有効な基金は他の諸点で富の進歩のあいだに減少したということさえ、あきらかであろう。というわけは、もし労働の維持のための有効な基金が増大しつつあれば、すなわち、もしもっとおおくの労働者を資財が雇用しうるだけでなく、土地が扶養しうるならば、プライス博士が列挙しているような戦争にもかかわらず、労働者数の増加がすぐに生じることは、一般法則として設定されてよいと、わたくしはおもうからである。そして、したがってもしある国の人口が停滞あるいは減少しつつあるとすれば、たとえその国が工業的富を増大させたとしても、労働の維持のための有効な基金は増大しえなかったと、われわれは推論してさしつかえないであろう。

しかしながら、イングランドの人口が（名誉）革命以来減少したと考えるのは、困難である。もっとも、すべての証拠は、その増加が、もし増加したとすればであるが、きわめてゆっくりであったことを証明することで一致しているのである。その問題がひきおこした論争において、プライス博士はうたがいもなく、その論敵よりもはるかに完全にその主題に精通しており、はるかに正確な知識をもっているようにおもわれる。この論争だけから判断して、プライス博士の論点はホウレット氏[†1]のそれよりもよく証明されているというべきだと、わたくしはおもう。おそらく真理は、二つの所説の中間にあるが、しかしこの想定は、(名誉)革命以来の人口増加を、富の増加にくらべてひじょうにゆっくりであったとするのである。

前世紀中、土地の生産物が減少しつつあったこと、あるいは完全に停滞していたことを信じることのできる人はほとんどいないであろう。共有地および荒蕪《こうぶ》地の囲いこみは、たしかにこの国の食糧を増大させるかたむきがあるが、しかし共有地の囲いこみはしばしば反対の結果となったし、まえに大量の穀物を生産したひろい面積の土地が、牧草地にかえられることによって、囲いこみ以前よりも労働者の雇用と扶養とをともに減少させたことは、確信をもって主張されてきたことである。牧草地は、同一の自然的肥沃度をもつ穀物栽培地よりもすくない量の人間の生活資料しか生産しないことは、まったく周知の真理であり、また、最上質の獣肉需要の増大とその結果としての価格騰貴とから、毎年牧畜に使用される優良地が増大したことが明瞭に確認されることができるならば、この情況がひきおこした人間の生活資料の減少は、荒蕪地の囲いこみと農業の全般的改善とからえられる利益を相殺したであろう。

現在の獣肉の高価格と以前の低価格とは、前者のばあいの希少性あるいは後者におけるゆたかさによりひきおこされたのではなく、市場むけの家畜を飼育するのにかかる費用がさまざまな時期によってちがうことによるものであったことは、いう必要のないことである。しかしながら、この国では現在よりも一〇〇年まえのほうが家畜がおおくいたかもしれないということは、考えられうることであるが、だが、以前よりも現在のほうが市場にだされる良質の肉ははるかにおおいことに、なんのうたがいももたれていない。獣肉の価格がひじょうにひくかったとき、家畜はおもに荒蕪地で飼育されたし、若干の主要市場だけのものをのぞいて、おそらくほとんどがふとらされないで解体された。現在若干の遠隔の州でかなりやすく売られている子牛の肉は、ロンドンで購買されるものとは名前以外ににているところはない。以前は、獣肉の価格は耕作に適する土地での家畜の飼育と養育との費用をつぐなわなかった。しかし、現在の価格は、もっともよい土地で家畜をふとらす費用をつぐなうだけでなく、穀物のよくみのる土地で多数の家畜を飼育することとさえ可能にするであろう。解体される時期の相違によって、おなじ数の家畜あるいはおなじ重量の家畜でさえ、ひじょうにちがう量の人間の生活資料を消費する〔もしわたくしがその表現をゆるされるならば〕であろう。ふとらされた獣は、若干の点でフランス・エコノミストたちのことばでいう不生産的労働者と考えられてよい。それは、その消費した粗生産物の価値になにもつけくわえない。現在の牧畜制度は、うたがいもなく以前の制度以上に、この国の人間の生活資料の量を土地の一般的肥沃度とくらべて減少させるかたむきがある。

わたくしは、以前の制度が存続しえた、あるいは存続すべきであったといおうとしているのだ、と理解されたくない。しかしわたくしは、耕作の一般的進歩の自然的かつ不可避的な結果である獣肉の価格の騰貴は、最良質の獣肉にたいする現在のおおきな需要およびその結果として毎年それの生産にもちいられる優良な土地の量は、現在娯楽のために飼育されているおおくの馬とともに、この国における人間の食糧の量が土壌の肥沃度の一般的増大と歩調をそろえるのを阻止した主要原因であると考えざるをえない。そして、これらの点における習慣の変化が、この国の生活資料の量およびその結果としての人口に、ひじょうに敏感な影響をおよぼしたことを、わたくしはうたがわない。

もっとも肥沃な土地を牧畜に使用すること、農業用具の改善、大農場の増大、およびとくに王国全体をつうじての農家戸数の減少、これらすべてはおそらく、ともに農業労働に従事する人が、いま、(名誉)革命当時ほどおおくいないことを立証している。したがって、どれほどの人口増加が生じたとしても、そのほとんど全部は製造工業に雇用されなければならない。そして、絹のかわりにモスリンを採用するとか、あるいは締金と金属ボタンのかわりに靴紐《くつひも》と蔽《おお》いボタンを採用するというようなたんなる流行の気まぐれのために、これらの製造工業のあるものが失敗したことが、自治体法および教区法から生じた労働市場の抑制とむすびついて、しばしば数千人の生活を慈善にたよらせたことは、よくしられている。救貧税のいちじるしい増加は、実際それ自体が、貧民は生活必需品および便宜品にたいする支配権をあまりもたないという強力な証拠であり、また、この点でのかれらの状態は改善よりむしろ改悪されているという考察のうえに、かれらのほとんど大部分は健康と道徳とにともによくない大工場に雇用されているという事情がくわわれば、最近の富の増加は貧しい労働者の幸福を増大させる傾向をもたなかったことが、みとめられなければならない。

一国の資財あるいは収入のすべての増大が労働の維持のための真の基金の増大と考えられず、したがって貧民の状態に同様な好影響をあたえることができないことは、もしこの論議が中国に適用されれば、きわめてあきらかとなるであろう。

中国はおそらく、長期にわたってその法律と制度との性質がゆるすかぎり富裕であったが、法律と制度とがかわり、また対外通商が栄誉あることとされるならば、さらにもっと富裕になるであろうと、アダム・スミス博士はのべている。問題は、富のこのような増加が、労働の維持のための真の基金の増加であり、したがって中国の下層諸階級の人びとをゆたかさの増大した状態におくことになるだろうか、ということである。

中国でもし事業と対外通商がおおいに栄誉あることとされるならば、労働者の豊富なことと労働の安価なことから、中国は巨大な量の外国販売むけの工業製品を生産するだろうということは、あきらかである。食糧が多量にあることと国内領土のおどろくべきひろさとのために、中国はそれとひきかえに、生活資料の毎年の貯蔵をいちじるしく増大させるほどの量を輸入できないことも、同様にあきらかである。したがって、中国は、その巨額の工業製品を、おもに、世界のあらゆる地方からあつめられる奢侈品《しゃしひん》と交換するとおもわれる。現在、食糧生産において労働が惜しみなくもちいられていることはあきらかである。その国は、資財が雇用しうる人数に比してかなり人口過剰であり、したがって労働はきわめて豊富であって、それを節減する労苦はすこしもはらわれていない。このことの結果、おそらく、土地は生産しうるかぎりの最大量の食糧を生産している。というのは、労働を節減する過程は、農業者が一定量の穀物をよりやすく市場にもたらすことを可能にするかもしれないが、生産全体を増大させるよりもむしろ減少させるかたむきがあり、またしたがって農業においては、若干の点で公共の利益というよりむしろ個人的利益と考えられてよいことが、一般にみとめられるだろうからである。中国においては、外国貿易むけの工業製品をつくることに巨額の資本をもちいればきわめておおくの労働者を農業からひきさり、ある程度その国の生産を減少させずにはおかないであろう。工業労働者にたいする需要は、当然に労働の価格を騰貴させるであろうが、しかし生活資料の量は増大しないから、食糧の価格はそれと歩調をそろえる、あるいはさらに、もし食糧の量が実際に減少していくならば、歩調をそろえるどころではないであろう。その国は、あきらかに富を増進させるであろう。その土地と労働との毎年の生産物の交換価値は、毎年増大するであろう。だが、労働の維持のための真の基金は、停滞的であるか、あるいはさらに減少しさえするであろう。そして、したがってその国の富の増大は、貧民の状態を向上させるというよりむしろ抑圧するかたむきがあるであろう。生活必需品と慰安品にたいする支配にかんして、かれらは、以前と同様あるいはむしろ悪化した状態にあり、またかれらの大部分は、健康な農業労働を製造工業という不健康な職業ととりかえてしまっているであろう。

この論議が中国に適用されたばあいに、おそらくいっそう明白におもわれるのは、中国の富がながく停滞的であったことが一般にみとめられているからである。貧民の状態はある特定の時期における富の増大の速度によると、アダム・スミス博士がいっているのであるから、その他の国にかんしては、二つの時期を比較して、もっともはやく増大したのはどちらであったかが、つねに論争問題となるであろう。しかし、二つの国民がその土地と労働との毎年の生産の交換価値を正確におなじ速度で増大させることがあるかもしれず、だが一国はおもに農業に専念し、他国はおもに商業に専念したとすれば、それぞれの国における労働の維持のための基金と、したがって富の増加の影響とは、きわめてことなることがあきらかである。おもに農業に専念した国では、貧民はゆたかさのさなかで生活し、人口は急速に増加するであろう。おもに商業に専念した国では、貧民は比較的ごくわずかしか利益をうけず、したがって人口はゆっくりとしか増加しないであろう。

†1　ジョン・ホウレット John Howlett（一七三一〜一八〇四）は、プライスとの人口論争において、アーサー・ヤングとともに、土地囲いこみ運動の有用性を主張し、それが農業生産をたかめて人口を増加させていることを主張した。主著は、『プライス博士の人口論の検討』（一七八一）。

第十七章

一国の富のただしい定義の問題――すべての工業従事者を不生産的労働者と考えたことについてフランス・エコノミストたちによってしめされた理由は、ただしい理由でない――職人および製造業者の労働は国家にとってそうでなくても、個人にとってはじゅうぶんに生産的である――プライス博士の二巻の『諸考察』における注目すべき箇所――アメリカの幸福および急速な人口増加の理由をおもにその特有な文明状態にもとめたプライス博士の誤謬――社会の改善の途上にある諸困難に目を閉じることからはなんの利益も期待されえない

ここで当然、一つの問題が生じるようにおもわれる。すなわち、土地と労働との毎年の生産物の交換価値が一国の富のただしい定義であるかどうか、あるいはフランス・エ

コノミストたちにしたがって土地の粗生産物というのがもっと正確な定義ではないだろうか、という問題である。たしかに、エコノミストたちの定義によれば、富のあらゆる増大は、労働の維持のための基金の増大であり、したがってつねに貧しい労働者の状態を改善する傾向をもつであろう。もっとも、アダム・スミス博士の定義によれば、富の増大はかならずしもつねに同様な傾向をもつものではない。それにもかかわらず、アダム・スミス博士の定義がただしくないという結論には、この考察からはならないであろう。国民全体の被服費と住居費とをかれらの収入のいかなる部分からも排除することは、おおくの点でただしくないようにおもわれる。それのおおくは、実際には、その国の食糧とくらべて、きわめてわずかな、とるにたりない価値しかないかもしれない。だが、それは、その収入の一部と考えられるのがただしいであろう。だから、わたくしがアダム・スミス博士と意見のちがう唯一の点は、かれが社会の収入あるいは資財のすべての増加を労働の維持のための基金の増大、またしたがって貧民の状態を改善する傾向をつねにもつもの、と考えているようにおもわれるところにある。

富裕な国のうつくしい絹製品と綿製品、レースおよびその他の装飾的奢侈品は、その国の毎年の生産物の交換価値を増大させるのにきわめておおきく貢献するかもしれないが、しかし社会の幸福の量を増加させることにはほんのわずかな程度しか貢献しない。

そしてわれわれが、さまざまな種類の労働の生産的性格あるいは不生産的性格を評価すべきなのは、その生産物の真の効用にたいするある見解によってであると、わたくしにはおもわれる。フランス・エコノミストたちは、製造工業に従事するすべての労働を不生産的と考える。それを土地にもちいられる労働と比較すれば、わたくしは完全にかれらに同意したいとおもうが、しかし正確にはかれらのしめしている理由からではない。かれらはいう、土地にもちいられる労働が生産的であるのは、その生産物が労働者と農業者の費用を完全につぐなってあまりあり、まぎれのない地代を地主にもたらすからであり、また一片のレースにもちいられる労働が不生産的であるのは、まぎれのない地代をなんらもたらすことなく、労働者が消費した食糧とかれの雇用者の資財とをただ補塡《ほてん》するだけだからである、と。しかし、しあがったレースの価値が、労働者とその雇用主との費用を完全につぐなったうえで、さらにまぎれのない地代を第三者にもたらしうるほどのものだと想定しても、土地にもちいられる労働と比較して、それはなおかわることなく不生産的だと、わたくしにはおもわれる。フランス・エコノミストたちによってもちいられた推論によれば、レース製造に雇用された労働者は、このばあい、生産的労働者であるようにおもわれるけれども、しかし一国の富にかんするかれらの定義によれば、このような観点から考察されるべきではない。かれは、土地の粗生産物になにもつけくわえなかったであろう。かれは、この粗生産物の一部を消費し、そのかわりに一片のレースをのこした。そしてかれは、それの生産中に消費した食糧の三倍の量と交換にこの一片のレースを売り、したがってかれ自身にかんしてはひじょうに生産的な労働力となるかもしれないが、だがかれの労働によりその国の富の本質的な部分を増大させたと考えることはできない。したがって、一定の生産物がそれを獲得する費用をつぐなったあとでもたらすことのできる、まぎれのない地代は、ある特定の種類の労働が国家にとって生産的であるか、あるいは不生産的であるかを判定する唯一の基準であるとはおもわれないのである。

いま、少数の富裕な人びとの虚栄を満足させるだけの工業製品を生産することにもちいられている二〇万人の人間が、若干の不毛な未開拓地にもちいられて、かれら自身が消費する食糧の半分の量しか生産しない、と想定しよう。かれらの労働は第三者に地代をもたらすどころか、その生産物を獲得するのにもちいられる食糧の半分しかつぐなわないけれども、それでもなお、かれらは国家にかんして以前よりも生産的労働者となるであろう。まえの職業においては、かれらはその国の一定量の食糧を消費し、そのかわりに若干の絹製品とレースとをのこした。あとの職業においては、かれらは同量の食糧を消費し、そのかわりに一〇万人分の食糧をのこした。二つの遺産のどちらが国にとってもっとも真実に有益であるかは、うたがうまでもない。そして、絹製品およびレースを生産するあいだの二〇万人を扶養した富は、食糧の追加量を生産するあいだのかれらを扶養することにもちいられたならば、もっと有益であったろうとみとめられることとわたくしはおもう。

土地にもちいられる資本は、それをもちいる個人にとっては不生産的であるかもしれないが、しかし社会にとってはきわめて生産的である。逆に、事業にもちいられる資本は、個人にとってはきわめて生産的であるかもしれないが、しかし社会にとってはほとんどまったく不生産的である。そしてこのことが、農業にもちいられる労働にくらべて工業労働を、フランス・エコノミストたちによってしめされた理由からでなく、わたくしが不生産的とよぶ理由である。なるほど、事業でえられるおおきな財産とひじょうにおおくの商人の気まえのよい生活とを見て、それでも製造業者はかれらの扶養にあてられることになっていた基金をうばいあうことによって富裕になりうるにすぎない、というフランス・エコノミストたちの所説に同意することは、ほとんど不可能である。事業のおおくの部門で、利潤は第三者にまぎれのない地代をあたえられるほどにおおきい。しかし、このばあいに第三者はいないし、すべての利潤は製造業親方あるいは商人に集中するから、かれは、あまり苦労することなく富裕になるじゅうぶんな見こみをもつようにおもわれ、またしたがってわれわれは、おおくの財産が事業において、目だって節約家ではなかった人びとにより獲得されるのを見るのである。

取引および製造工業にもちいられる労働は個人にとってじゅうぶんに生産的であることを毎日の経験が立証しているが、しかし国家にとって同様な程度に生産的でないことはたしかである。一国の食糧のすべての増加は社会全体の直接の利益に役だつが、しかし事業においてつくられる財産は、ただとおまわりで不確実な方法でしかおなじ目的に役だたず、若干の点では逆の傾向さえもっている。消費資料の国内取引はあらゆる国民のもっとも重要な取引である。中国は世界で他に類例のないもっとも富裕な国である。だから、しばらく外国貿易を問題外とすれば、すぐれた工業製品によって従前の食糧の貯えのなかからその二倍相当量を獲得する人は、自分の労働によって以前の貯えに一人分しかつけくわえない人ほどにも国家にとって有益でないのはたしかであろう。絹製品、レース、装身具および高価な家具という消費的商品はうたがいもなく社会の収入の一部分であるが、富者だけの収入であって社会一般の収入ではない。一国の収入のこの部分の増加は、したがって、国民大多数の主要収入である食糧の増加とおなじ重要性をもつものとは考えられない。

対外通商は、アダム・スミス博士の定義によれば、一国の富を増大させるが、(フランス・）エコノミストたちの定義によれば、そうではない。それのおもな効用と、おそらくそれが一般にひじょうにたかく評価されてきた理由とは、それが一国の対外的力あるいは他国の労働を支配する力をいちじるしく増大させることであるが、しかしそれは、綿密に検討すると、労働の維持のための国内基金の増大に、またしたがって社会の大部分の人の幸福にほんのわずかしか役だたないことがわかるであろう。一国が富裕にむかって自然に進歩するにつれて、土地の高度の耕作につづいて、製造工業および対外通商が、その順序であらわれる。ヨーロッパでは、ものごとのこの自然的順序は逆であった。そして土地は、工業資本の過剰化から耕作されたのであって、土地にもちいられる資本の過剰化から工業が生じたのではなかった。都市の工業にあたえられた優先的奨励と、その結果として農業にもちいられる人びとの労働よりも職人の労働にたいしてはらわれる高価格とが、おそらくヨーロッパでこれほどおおくの土地が未耕作のままになっている理由である。ヨーロッパ全体でそれとちがう政策が追求されたならば、うたがいもなく現在以上にはるかにおおくの人口が存在し、しかも現在以上にその人口にわずらわされることはなかったであろう。

わたくしは、人口から生じる困難というこの興味ある主題、つまりわたくしの能力をはるかにこえているのであるが、微細にわたる研究とすぐれた論議とにあたいするとわたくしにおもわれる主題を、プライス博士の二巻の『諸考察』中のきわだった箇所に注目せずにおわることはできない。都市および農村における余命表をいくつかしめして、かれはいう。[*1]「この比較から、大都市が人類の墓場とよばれたことにどんなに真理があるかがわかる。また前巻の第四論文のおわりにおける考察によれば、われわれの疾病を自然が本来意図したものと考えることは厳密にはけっしてただしくないことが、それを考察するすべての人に確信されるにちがいない。それらの疾病は一般に、うたがいもなくわれわれ自身の創造物である。住民が完全に自然的かつ道徳的生活をおくっている国が存在するとすれば、自分にあたえられた現世の生存期間全部を終了せずに死ぬものはほとんどいないであろう。苦痛と病気とはかれらのあいだでしられず、死は、漸次的、不可避的衰弱以外に原因はなく、睡眠のようにかれらをおとずれるであろう」[†1]

わたくしは、プライス博士の二巻本で提出された事実からまさに反対の結論をひきださざるをえないことを告白する。わたくしは、人口と食糧とがことなる比率で増大することにしばらくまえから気づいていた。そして、それらはある種の不幸あるいは悪徳によってのみひとしくされうるという、あいまいな見解がわたくしの心にうかんでいた。しかし、その見解をおもいついたあとにおこなった、プライス博士の二巻の『諸考察』の吟味は、ただちにそれを確信へとひきあげたのである。人口は制限されないばあいに異常なはやさで増加することを立証するひじょうにおおくの事実を観察しながら、また一般的自然法則が過剰人口を抑止する方法をさえ説明する一団の証拠を眼前にしながら、かれがわたくしの引用した文章をいかにして書くことができたか、わたくしにはまったく考えられない。かれは、非道徳的生活態度にたいする最良の予防薬として、早婚の熱心な擁護者であった。かれは、ゴドウィン氏のように両性間の情念の消滅についての空想的な考えをもたず、またコンドルセ氏によって示唆された方法で困難を回避することをおもいつかなかった。かれはしばしば、自然の多産な力にその発揮の余地をあたえることをかたっている。しかし、これらの思想をもちながら、制限されない人口は、土地が最良の方向に発揮される人間の努力によってその扶養のための食糧を生産しうるよりも、比較にならないくらいはやく増大するという、明白かつ必然的な推論をかれの理性が回避しえたことは、まるでかれがエウクレイデス[†2]のもっとも明白な命題の一つの結論を否定したかのように、おどろくべきことにわたくしにはおもわれる。

プライス博士は、文明状態のさまざまな段階についてかたりながら、「文明の最初あるいは単純な段階は、人類の増加と幸福とにもっとも好都合な段階である」という。そしてかれは、かれののべた最初のもっとも幸福な状態にその当時あったものとして、また人口におよぼす文明のさまざまな状態の影響のきわめて顕著な証明を提供するものとして、アメリカの諸植民地を例にだしている。しかしかれは、アメリカの幸福は、その文明の特殊な程度によるよりも、新植民地としてのその情況の特殊性、すなわち大量の肥沃な未耕作地をもつことによるものであった、ということに気づいていないようにおもわれる。二、三百年まえ、ノルウェー、デンマークあるいはスウェーデンの各地、あるいはこの国に、かれはおそらくおなじ程度の文明を見いだしたかもしれないが、しかしけっしておなじ幸福あるいはおなじ人口増加を見いださなかったであろう。かれはみずから、ヘンリー八世の一法律を引用しているが、それは耕作の衰退と食糧価格の騰貴とについて、「それによりおどろくべき数の人びとがみずからと家族とを扶養しえなくなった」と不満をのべている。アメリカにひろまっている市民的自由の程度のすばらしさは、うたがいもなく、これら諸州の勤労、幸福および人口を促進するのに役だったが、しかし市民的自由は、いかに強力であっても、あたらしい土地をつくりださないであろう。アメリカ人たちはおそらく、イングランドに従属していたときより大幅の自由を享受しているといわれ、かれらはいま独立の国民であるが、しかしわれわれは、人口が当時とおなじ速度でながく増加しつづけることはない、と完全に確信してよいであろう。

二〇年まえにアメリカの下層諸階級の幸福な状態を見た人は、当然かれらをその状態に永久にとめおきたいとのぞんだであろうし、またおそらく、工業製品および奢侈品の導入を阻止することによってこの目的を達成できると考えたであろうが、しかしかれは、（それができるなら）妻あるいは愛人を太陽あるいは空気にさらさないでおくことによって齢をとらないようにすることを、おなじように期待してさしつかえないであろう。よく統治されている、あたらしい植民地の状態は、最盛期の青年のそれであって、どんな努力もそれをとどめておくことはできない。なるほど、動物体だけでなく政治団体にも、老年の接近を促進あるいは阻止するのに役だつおおくの処置のしかたがあるが、しかし案出されるいかなる方法にも、それらのいずれをも永遠のわかさにたもてる成功の見こみはありえない。農村の勤労より都市の勤労をはげますことによって、ヨーロッパはおそらく、早熟な老年に達したといわれよう。この点における政策の変更は、すべての国にあたらしい生命と活気とをふきこむであろう。長子相続制の法およびその他のヨーロッパ的慣習のために、土地が独占価格をもつあいだは、資本はあまり個人に有利になるようにも、土地にもちいられないし、したがって土地がただしく耕作されることはありえないであろう。そして、すべての文明国においては、財産所有者階級と労働者階級とが存在しなければならないけれども、それでも財産の平等化にちかづくことからつねに一つの恒久的利益がうまれるであろう。財産所有者の数がおおければ、それだけ労働者の数はちいさくなければならず、社会の大部分は財産を所有する幸福な状態にあり、労働以外の財産をもたない不幸な状態にあるものはすくないであろう。しかし、もっともただしくおこなわれる努力でさえ、欠乏の圧力を緩和するかもしれないが、けっしてそれを除去することはできない。そして、地上の人間の真の状態と一般的自然法則とを考察するいかなる人にとっても、なんらかの、もっとも進歩した努力が人類をつぎのような状態、すなわち、「自分にあたえられた現世の生存期間全部を終了せずに死ぬものはほとんどいないであろう。苦痛と病気とはかれらのあいだでしられず、死は、漸次的、不可避的衰弱以外に原因はなく、睡眠のようにかれらをおとずれるであろう」という状態におくことができる、と考えることは困難であろう。

社会のなんらかのおおきな改善の途上にあるおおきな障害が、われわれが克服ののぞみをもちえない性質のものであることは、うたがいもなく、われわれをもっとも落胆させる考察である。生存手段をこえて増加する人類の不断の傾向は、変化を期待しうる理由のない動物界の一般法則の一つである。だが、この困難の考察は、人類の改善にその努力をむけている賞賛すべき人びとには、落胆すべきものにちがいないけれども、それをかるく見すごしたり、あるいは背景におしやる努力をしても、それからなんらかの利益が生じうるとは考えられない。逆に、それが不快だからという理由で真理に直面する勇気をもたない男らしくない行為からは、もっとも不幸な害悪が予想されるであろう。

このおおきな障害に関連するものをべつとしても、われわれをもっともたゆまぬ努力にふるいたたせるにたりるおおくのことがなおまだ存在していて、人類のためにそれらはおこなわれなければならない。しかし、われわれは、遭遇しなければならない諸困難の性質、範囲および規模について完全な知識および正確な理解なしにすすむならば、あるいは成功ののぞみをもちえない対象にわれわれの努力をおろかにもむけるならば、むだな努力で力を消耗し、そしてわれわれの希望の頂上からいつまでもおなじ距離をおいてへだたっているだけでなく、このシジフォスの岩[†3]の反転によって永久に粉砕されてしまうであろう。

＊1　第二巻二四三ページ。

†1　傍点は原文のイタリック部分。

†2　エウクレイデス Euclīdēs は、前三〇〇年ころ、アレクサンドリアに住んでいたギリシアの数学者。その幾何学の体系は十九世紀のなかばまで絶対的に真なる唯一のものと考えられてきた。

†3　ギリシア神話中のコリントの邪悪な王シジフォスは、死後地獄におとされ、刑罰として大きな石を山頂までころがしあげることを命じられたが、石は山頂にちかづくとかならずま

た下におちたという。

第十八章

人口の原理から生じる困窮が人間にたいしてくわえるたえざる圧力は、われわれの希望を未来にむけさせるようにおもわれる――試練の状態というのは神の先見についてのわれわれの観念と矛盾する――世界はおそらく、物質を精神に自覚させる強力な過程である――精神形成の理論――身体の要求から生じる刺激――一般法則の作用から生じる刺激――人口の原理により生じる人生の諸困難にもとづく刺激

生活資料の困難から生じる困窮が人間にたいしてくわえる不断の圧力の考察から結論される人生観は、人間が地上における完成可能性について合理的にいだくことのできる期待がほとんどないことをしめすことによって、かれの希望をつよく未来にむけさせるようにおもわれる。そして、われわれが検討してきた自然法則の作用のために、人間は必然的にこの世界を、これまでしばしばとられた考えかたによって、もっとすぐれた幸

福の状態にいたる準備的な、試練の状態および道徳の学校と考えたい気持にかりたてられざるをえないようにおもわれる。しかし、地上の人間の状態についてそれとある程度ちがう見解をしめすことをこころみても、ゆるされるだろうとわたくしはおもう。その見解は、われわれの周囲に見られる自然のさまざまの諸現象ともっとよく一致し、神の力、善意および先見にかんするわれわれの観念ともっとよく一致するようにわたくしにはおもわれる。

もしわれわれが、みずからの理性についてただしい不信と、見るものすべての論理を理解する能力の不足の自覚とをもってすすむならば、もしわれわれが、すべての光を感謝をもって歓迎し、光があらわれないばあいには、暗黒は内部に由来するのであって外部からではないと考え、また「天が地のうえたかくにあるように」「われわれの思考のうえたかくに思考のある」神のすぐれた英知にたいして、謙譲な敬意をあらわすとすれば、

「神の道を人間に明証する」

という努力は、人間精神の不毛な行使と考えることはできない。

しかしながら、「万能の神を完全に見きわめる」われわれの微力なこころみにおいて、われわれは、自然から自然の神を推論すべきであって、神から自然へと推論すべきでな

いことは、絶対に必要におもわれる。われわれは、あるものごとをあるがままに説明することにつとめないで、それがべつのものでないのはなぜかと問うようにすると、とどまるところをしらないであろう。われわれは、もっともおおきい、もっとも子どもっぽい不合理に導かれるであろう。神慮の道についての知識のあらゆる進歩は必然的におわらなければならないし、研究は人間精神の啓発的行使であることさえやめるであろう。無限の力は、きわめて包括的かつ理解不可能な観念であるから、人間精神は必然的にそれの考察に当惑せざるをえない。われわれは、神のこの属性についてときとしてもつ粗野な子どもじみた観念でもって、神は、まったく苦痛と不完全さとのない、善意と英知とにすぐれ、最良の享楽をうけることのできる、無限の空間中の点のように無数な、幾千万もの人間をうみだすことができる、と想像することがあるかもしれない。しかし、われわれは、これらのむだな途方もない空想の夢から、神をあるがままに読むことのできる唯一の自然という本に目をむけるならば、あきらかにひじょうにおおくの微小な物質からできた知覚力のある存在（人間）の不断の行列が、この世界のながい、ときとして苦痛にみちた過程を経過していくのを見るのであるが、かれらのおおくは、その過程のおわるまえに、あるよりすぐれた状態にたいする適性をしめすようにおもわれるたかい資質と能力とを獲得するのが見られる。われわれはだから、無限の力という粗野で子どもじみた観念を、われわれが現実に存在するのを見ているものの考察によって是正すべきではないか。われわれは創造者についてかれの創造物からしか判定できないのではないか。そして、われわれは、神の力をかれの善意を犠牲にしてたかめようとねがうのでないかぎり、たとえ全能ではあっても、偉大な創造者にとってさえ、人類に神の崇高な目的にかなうようなたかい質の精神をそなえさせるためには一定の過程が必要であり、一定の時間［あるいはすくなくともわれわれに時間とおもわれるもの］が必要である、と結論すべきではないのか。

試練の状態は、幼児期の人間の容姿と一致しない、まえもって形成された存在を意味するようにおもわれ、またわれわれが最高存在についていだきたいとねがう観念と矛盾する、疑惑と先見の欠如とのようなものをしめしている。だからわたくしは、まえに注で示唆したように、世界とこの人生とを、試練のためでなく精神の創造と形成とのための強力な過程、すなわち生命のない混沌《こんとん》とした特質を精神に自覚させ、地上の塵芥《じんかい》を霊魂へと浄化し、泥の塊から霊妙な火花をひきだすのに必要な過程と考えたいとおもう。そして、その問題をこのように見れば、人間が人生をつうじてうけとるさまざまな印象と刺激とは、その創造者の育成の手と考えられるのであって、その手は一般法則として作用し、おろかな存在を神のはげましによってもっとすぐれた享受能力に目ざめさせるものである。人間の原罪とは、人間がいわばうまれたときの混沌とした物質の無自覚と腐敗なのである。

精神が物質とは別個の実在であるか、あるいはただその洗練された形態にすぎないかという問題にたちいることは、あまり有益ではないであろう。その問題はおそらく、結局はたんなることばの問題である。精神は、物質からなりたつにしろ、あるいはなんらかの他の実在であるにしろ、いわば本質的に精神である。精神と肉体とはもっとも密接にむすびついていることをわれわれは経験からしっており、すべての現象はそれらが幼児期からともに成長することをしめしているようにおもわれる。まったく完全にできあがった精神がすべての幼児に存在するのであるが、しかしそれは、人生の最初の二〇年間は、それをつつむ器官のよわさあるいは愚鈍さによりその作用を封じられ、阻害されていると信じることは、きわめて可能性のない命題であろう。われわれすべては、神が肉体だけでなく精神の創造者でもあることに同意する考えであるから、またそれら精神と肉体とはともに同時に自己を形成、展開するとおもわれるから、神がつねに物質から精神を形成することに従事しており、また人間が人生をつうじてうけとるさまざまな印象はその目的のための過程にあると考えることは、もし自然の現象と一致するとおもわれるならば、理性あるいは啓示のいずれとも矛盾するとおもわれない。その仕事はたしかに、神の最高の属性にあたいするものである。

もし精神の性質についてわれわれのもつわずかな経験から判断して、われわれの周囲の諸現象および人間生活のさまざまな出来事は、研究の結果、このおおきな目的を促進するためにとくにつくられているとおもわれることが、あきらかとなるならば、またとくに、もしこの考えにもとづいて、不満家があまりにしばしば自然の神にたいして不満の主題としている、人生の未完成と不平等のおおくを、われわれが自分たち自身のせまい理性にたいしてさえ説明することができるならば、地上における人間の状態についてのこの見解は、なりたたないとはおもわれないであろう。

最初に精神を自覚させるおおきなものは、身体の諸要求であるようにおもわれる。[*1] それらは幼児の頭脳に感覚活動をよびおこす最初の刺激である。そして、人間本来の物質はきわめて愚鈍なので、そのため、一連の特殊な刺激によりおなじように強力な他の欲求がうまれなければ、最初に目ざめさせた活動を持続させるためには、その後もこうした刺激が必要であるようにおもわれる。未開人は、空腹の要求あるいは寒さの困難によって無自覚から目ざめないかぎり、木の下で永久にねそべっているであろう。また、食糧を獲得し、庇蔽物《ひへいぶつ》をたてて、これらの害悪をさけるためにかれのおこなう活動は、それをしないばあいには生気のない、無活動にしずんでいたとおもわれるかれの諸能力を形成し運動させる努力なのである。経験が人間精神の構造にかんしてわれわれにおしえたすべてのことから見て、もし身体の諸要求から生じる活動への刺激が人類の大多数から除去されるならば、かれらが余暇をもつことによって学者の地位にのぼると考えるより、刺激の不足から野獣の水準にさがると考える理由のほうがおおい。自然における自生的生産物がもっとも豊富な諸国では、住民たちは知性のするどさでもっとも注目されるとはおもわれないであろう。必要は発明の母とよばれてきたことにはおおきな真理がある。人間精神のもっとも高貴な活動のあるものは、身体の諸要求を満足させる必要によってうごかされたものであった。欠乏が詩人の想像に翼をあたえ、歴史家の流麗な文章をつくりだし、また学者の研究にするどさをくわえたことがまれでなく、そしてうたがいもなく現在では、これまでに知識および社会的共感のさまざまな刺激によって進歩したおおくの人がいて、それらの人は肉体的刺激が除去されても無気力におちいりはしないだろうが、それでもこれらの刺激が、人類の大多数からとりさられるばあいには、未来の改善のすべての萌芽を破壊する一般的かつ致命的無自覚をうみださずにはおかないことは、うたがいの余地がほとんどない。

わたくしの記憶のかぎりでは、ロック[†1]は、快楽の追求より苦痛の回避の努力のほうが人生における活動にたいするおおきい刺激であり、ある特定の快楽に注目したばあい、われわれはそれのないことが苦痛あるいは不快の感情になるほどながらくそれを見つづけなければ、それを獲得するために行動をおこさないであろう、といっている。害悪をさけ、利益をおうことは、人間のおおきな義務と仕事であるようにおもわれるし、この世界は、とくにこの種のもっともたゆみない努力の機会をあたえるためにつくられているようにおもわれる。そして、精神が形成されるのは、この活動、これらの刺激によってである。もしロックの考えがただしければ、またそう考えるおおきな理由があるのだが、害悪は活動をつくりだすのに必要なようにおもわれ、また活動は精神をつくりだすのにあきらかに必要だとおもわれる。

生命の扶養にとって食糧が必要なことは、おそらく、肉体的あるいは精神的のいずれをとわずいかなる他の欲求にもましておおきな量の活動をつくりだすものである。地球が、その表面におおくの準備的労働と才能とがくわえられるまで多量に食糧を生産してはならないことを、最高存在は命じた。種子と、それから生じる植物あるいは木とのあいだには、われわれの理解力がとらえることのできるような関係はない。最高の創造者は、うたがいもなく、われわれが種子とよぶちいさな物質の助力なしに、あるいは人間の補助労働および配慮なしにさえ、かれの被造物の使用のためにあらゆる種類の植物を育成することができるであろう。土地を耕作し開墾する過程、種子を収集しまく過程は、たしかに神の創造の補助のためでなく、人間を行動にかりたて、かれの精神を理性にしあげるために、人生の祝福の享受にあらかじめ必要とされているものである。

　この種のもっともたゆみない努力をあたえ、土地の完全な耕作によって、人間を神慮の仁愛ぶかい計画の遂行にかりたてるために、神は人口が食糧よりもはるかにはやく増加すべきことを命じた。この一般法則は〔この論文のまえの部分であらわれたように〕、うたがいもなくおおくの部分的害悪をうみだすが、ほんのわずかな考察だけで、おそらくわれわれはそれをはるかにこえる利益をもうみだすことを納得できるであろう。つよい刺激が活動をうむのに必要だとおもわれる。そしてこの活動を指導し、理性的能力をつくるために、最高存在がつねに一般法則にしたがって行為することが絶対に必要とおもわれる。自然の諸法則の恒常性、あるいはわれわれがおなじ原因からおなじ結果を期待できる確実性は、理性の能力の基礎である。もし、ものごとの通常の過程において、神の指がしばしば目に見えるならば、あるいはもっと正確にいえば、神がしばしばみずからの目的を変更するならば〔というのは神は実際、われわれの見る草の葉のすべてに見ることができるからである〕、人間の諸能力の一般的かつ致命的無気力がおそらくその結果として生じるであろう。人類の肉体的諸要求でさえ、人類の努力がただしくむけられれば成功のむくいをうけられるという期待を合理的にもつことができなければ、かれらを活動にかりたてることをやめるであろう。自然の諸法則の恒常性は、農民の勤労および予見、職人のたゆみない工夫《くふう》、医師および解剖学者のすぐれた研究、自然哲学者の注意ぶかい考察と忍耐づよい研究の基礎である。知性のもっとも偉大にして高貴な努力は、すべてこの恒常性のたまものである。ニュートンの不滅の精神はこの恒常性のたまものである。

したがって、自然の諸法則の恒常性の理由は、われわれの理解にとってさえ、明白かつ顕著におもわれるのであるから、われわれは、もし人口の原理にもどって、真実のあるがままの人間を、必要によって強制されないかぎり無気力、愚鈍かつ労働ぎらいだと考えるならば〔そしてたしかに、将来の人間がどんなものになりうるかについて、われわれの未熟な空想によってかたることは最高におろかなことである〕、生存手段にまさる人口の力がなければ、世界に人間は住まなかっただろうと、確実にのべることができよう。人間にたいするこの刺激は強力で、不断に作用しているけれども、われわれは、それでも耕作がひじょうにゆっくりとしかすすまないのをしれば、それよりよわい刺激はふじゅうぶんであったはずだと結論してさしつかえないであろう。この不断の刺激の作用のもとにあってさえ、未開人は、最大の自然的肥沃度の国に住んで、牧畜あるいは農業をおこなうまでには長期間がすぎるであろう。人口と食糧とがおなじ比率で増大したとすれば、人間はおそらく未開状態から脱しなかったであろう。しかし、地球がひとたびじゅうぶんに人口でみちたと想定すれば、アレクサンドロス、ユリウス・カエサル、タメルラン[†2]のような人あるいは流血革命は、回復できないほどに人類を希薄にし、創造者の偉大な意図にそむくであろう。伝染病の惨害は幾時代にもわたってかんじられ、地震は永久に一地方を無人にするかもしれない。人口が増加する原理は、人類の悪徳、あるいは自然の偶発事、一般法則から生じる部分的害悪が、創造という崇高な目的を阻害しないようにするものである。それは、地上の住民をつねに完全に生存手段の水準にたもち、人間を土地のいっそうの耕作にかりたて、したがってもっと増加した人口の扶養を可能にする、強力な刺激として不断に作用している。しかし、この法則は、部分的害悪をひきおこさずに作用し、そしてあきらかに最高存在の意図した結果をうみだすことは、不可能である。人口の原理が、べつべつの国のそれぞれの事情におうじて変更される〔そのことは、自然法則にかんするわれわれの一般的経験に反するだけでなく、知性の形成のために一般法則の絶対的必要をみとめるわれわれ自身の理性にさえ矛盾するであろう〕のでなければ、勤労の支持をえて肥沃な地方を数年で人の住むところにするのとおなじ原理が、ながく人の住んでいる国に困窮をうみださずにはおかないことは、あきらかである。

しかしながら、人口の法則によりひきおこされる周知の諸困難でさえ、神慮の一般的目的を阻止するより促進するかたむきがあることは、あらゆる点から見てありうることにおもわれる。それらの困難は、すべてのものの努力を刺激し、かぎりなく多様な情況と、またしたがって印象とをつくりだすが、それは全体として精神の成長に好都合とおもわれる。おそらく、過大な刺激あるいは過小な刺激、極端な貧困あるいは富は、ともにこの点で不都合であろう。社会の中間層は知的改善にもっとも適しているとおもわれるが、社会全体が中間層でありうることを期待するのはあらゆる自然の類推に反する。地球の温帯は人間の精神的および肉体的活力にもっとも好都合におもわれるが、すべてが温帯ではありえない。一つの太陽によってしか温度と光とをうけない世界は、物質の法則から、ある地方を永久の霜により凍《こお》らせ、また他の地方を永久の熱により焼き焦がさざるをえない。ある面のうえによこたわるすべての物質は、上部と下部とをもたねばならない。すべての部分が中間にあることはできない。木材商人にとって樫《かし》のもっとも価値ある部分は、根あるいは枝のいずれでもないが、これらは、必要とされている中間部分すなわち幹の存在に絶対に必要である。木材商人は、樫を根あるいは枝なしで成長させることをおそらく期待できないであろう。しかしもし、幹の組織をもっとおおきくし、根と葉とをちいさくするような栽培方法を発見できるならば、かれは、このような方法を一般に使用されるよう努力をするのが正当であろう。

同様に、われわれは社会から富と貧困とを排除することをおそらく期待しえないけれども、それでも極端な層の数を減少させ、中間層の数を増大させる統治様式を見いだすことができれば、それを採用するのは、うたがいもなくわれわれの義務であろう。しかしながら、樫にかんして、幹の樹液の活発な循環をよわめることなく根と枝とをいちじるしくちいさくできないように、社会にかんしても、知性の成長にもっとも好都合な原因である中間部分全体に見られる生気ある活動を減退させることなく、極端な部分を一定程度以上減少させることができないというのは、考えられないことではない。もしだれも社会において上昇ののぞみ、あるいは低下のおそれをもつことがないとすれば、もし勤労が報酬を、怠惰が刑罰をもたらさないとすれば、中間部分はたしかに現在あるがままであろう。この問題の推論においてわれわれは、おもに人類の大多数を考慮すべきであって、個人的事例を考慮すべきでないのは、あきらかである。きわめて多数のもののうちには、偶然によってであるが、特殊な刺激のためにわかくして活躍をはじめ、活動を持続させるのにせまい動機の不断の作用を必要としないおおくの人が、うたがいもなく存在するし、またおおくあって当然である。しかしわれわれが、もし人類のさまざまな有益な発見、価値ある著作、およびその他の賞賛すべき活動を回顧するならば、おおくのものに作用しているせまい動機によるもののほうが、少数のものに作用しているあきらかにもっとひろい動機によるよりもおおいことがわかるだろうと、わたくしは信じている。

閑暇はうたがいもなく人間にとってきわめて貴重であるが、しかし現在の人間を考えると、おそらく大多数の例ではそれは利益より害悪をうみだすようにおもわれる。すぐれた才能のものは年長の兄たちのなかによりも、年下の弟たちのなかのほうにおおいといわれてきたのはまれではないが、しかし年下の弟たちのほうが平均して本来の感受性をよりおおく身につけてうまれるとは、考えることができない。その相違は、もし実際になんらかの観察可能な相違があるとすればであるが、ただかれらの境遇の相違から生じうるにすぎない。努力と活動とは、一方（弟）のばあいには一般に絶対に必要であるが、他方（兄）のばあいには選択可能なものにすぎないのである。

生活の諸困難が才能をうみだすのに役だつことは、毎日の経験がわれわれに確信させずにおかないことである。みずからと家族とを扶養するためにおこなう必要があると見られる活動は、そうでなければ永久に休止していたはずの能力をしばしば目ざめさせるし、また、あたらしい異常な情況は一般に、かれらがおちいっている諸困難ととりくむのに適当な精神をつくりだす、と通常いわれてきている。

＊1　本論文の第二部のようなものとしてこの問題にいくらかたちいることは、わたくしの意図していたことであった。特別の仕事のために生じた長期の中断がすくなくともさしあたりこの意図を放棄することを余儀なくさせた。したがって、いまわたくしは、提出した一般的命題に好都合とおもわれる主要な事情のいくつかの素描だけをしめすであろう。

†1　ジョン・ロック John Locke（一六三二〜一七〇四）は、イギリスの哲学者、社会科学者。社会契約説をとり、専制に反対して立憲制を主張し、その三権分立論はモンテスキューに影響をあたえた。

†2　アレクサンドロス Alexandros（前三五六〜三二三。在位前三三六〜三二三）は、マケドニアの王。ギリシア、ペルシア、インドにおよぶ大帝国の創建者。ユリウス・カエサルについては、六三ページ†1を参照。タメルラン Tamerlan(e)（一三三六〜一四〇五）は、別称ティームール Timur-i-lang。アジア西半を征服し、サマルカンドに都して、世界統一をくわだてた蒙古の英雄。

第十九章

人生のかなしみは、心をやわらげ、なさけぶかくするのに必要である――社会的共感の刺激は、しばしば才能のたんなる所有者よりも高次の人物をつくりだす――道徳上の悪徳はおそらくすぐれた道徳の創出に必要である――知的欲求からくる刺激は、自然の無限の多様性および形而上学的問題にまつわるあいまいさによってたえず維持されている――啓示にふくまれる諸困難はこの原理で説明されうる――『聖書』がふくむ証言の程度は、人間の能力の改善および人類の道徳的改善におそらくもっとも適している――精神が刺激によってつくりだされるという考えは、自然的および道徳的害悪の存在を説明するようにおもわれる

人生のかなしみと困窮とはべつの種類の刺激をかたちづくるものであって、それは一

連の特定の印象によって、心をやわらげ、なさけぶかくし、社会的共感を目ざめさせ、キリスト教道徳のすべてをうみだし、また慈愛に活動のひろい余地をあたえるために必要であるようにおもわれる。一様に富裕になるということの一般的傾向は、性格をたかめるより、むしろひくめるものである。かなしみをしらないでいる心は、同胞の苦痛と快楽、欲求と願望とにたいして感受性がとぼしいであろう。その心は、最高の才能をもつことよりも、人間の性格を高貴にする兄弟愛のあたたかさ、親切でやさしい愛情にあふれることが、まれであろう。まことに才能は、うたがいもなく精神のきわめて卓越したりっぱな一特徴ではあるけれども、それの全部をなすものとはけっして考えることができない。通常才能をつくる刺激はうけたことがないが、しかし社会的共感の刺激によってかなりの程度に活動的となったおおくの人がいる。すべての生活層のうちには、最高の階層と同様にしばしば最低の階層のうちにも、人間的な親切心にあふれ、神と人間とにたいして愛をしめし、そして才能とよばれる精神の特定の力をもたないけれども、人間の評価においてあきらかに才能をもつおおくの人よりもたかい地位をしめる人たちが、見いだされうる。福音的慈善、謙虚、敬虔《けいけん》およびその種のすべての徳性は、とくにキリスト教道徳の名できわだったものであるが、才能をふくめる必要はないようにおもわれる。だが、それらのやさしい資質をもつ魂、これらのよろこばしい共感によって目ざめ、活力をあたえられた魂は、たんなる知性のするどさよりも天界と密接な交渉をもつようにおもわれる。

もっとも偉大な才能がこれまでしばしばあやまりもちいられ、その力の程度に比例した害悪をうみだした。理性と啓示とはともに、このような精神は永遠の死を宣告されることをわれわれに確証するようにおもわれるが、他方、地上ではこれらの悪徳漢も、かれらのひきおこした不快と嫌悪とによって、ひじょうにおおくの印象のなかでかれらなりの役割をはたしたのである。道徳的悪徳はすぐれた道徳をつくるのに絶対に必要であることが、かなりたしかなようにおもわれる。善だけしか視界におかれていないものは、盲目的必然によって強制されているといっていいであろう。このばあいに善の追求は、道徳的性向の徴候ではありえない。おそらく、無限の英知である神は外面的行動のような徴候を必要とするはずはなく、人間が善あるいは悪をえらぶかどうかを確実に予知する、といわれるかもしれない。このことは、試練の状態にたいするもっともらしい反対論であるかもしれないが、この世界では精神は形成の状態にあるという考えにたいしてはなりたたないであろう。この考えによれば、道徳的害悪を見、それに非難と嫌悪とをかんじたことのある人は、善しか見たことのない人とは基本的にちがっている。かれらは、ちがった印象をうけとった泥土片であり、したがって、必然的にちがったかたちでなければならず、あるいはたとえわれわれがそれらはともにおなじ愛すべき徳性のかたちをもっていることをみとめるとしても、前者がその実体に堅牢性《けんろうせい》および耐久性をあたえるのに必要な過程をさらにすすんでいるのに、後者はまだきずつきやすく、すべての偶発的衝撃によって破壊されがちなのである。徳性を熱心に愛し賞賛することは、それと反対のものの存在を当然ふくんでいるようにおもわれる。そして、道徳的害悪を見ることから生じる非難の印象がなければ、おなじうつくしさの形態と内容、おなじ完成度の性格がうみだされえないことは、きわめてたしかなようにおもわれる。

精神が情念と肉体の諸要求によって活動に目ざめたばあい、知的諸要求が生じ、そして知識の欲求と無知のもとでの忍耐とがあたらしく重要な種類の刺激をつくるのである。自然のあらゆる部分は、この種の精神的努力に刺激をあたえ、もっともたゆみない研究につきない糧《かて》を提供するようにとくにつくられているようにおもわれる。

わが国の不滅の詩人（シェイクスピア）はクレオパトラについてつぎのようにいう。

――「慣れても陳腐になることのないかの女の無限の多様性」[†1]

この表現は、なにかある一つの対象にあてはめたばあいには、詩的誇張と考えられるかもしれないが、しかし自然にあてはめたばあいには厳密にただしい。まことに、無限の多様性はあきらかに自然のきわだった特徴であるとおもわれる。その情景のほかにあちこちにまじえられている陰影は、自然のあふれるような美に、精神、生命および卓越をあたえるし、またその未完成と不平等、すぐれたものをささえるおとった部分は、ときとして近視眼的人間の気むずかしい微視的な目をきずつけるけれども、全体の均斉、優美およびうつくしい容姿に役だつのである。

自然の無限に多様な形態と作用とは、それのつくりだす多様な印象によって精神をただちに目ざめさせ改善するだけでなく、調査と研究にきわめて広範な分野を提供することによって、その他のゆたかな改良の源泉をきりひらくものである。一様で、変化のない完成は、それとおなじ覚醒力《かくせいりょく》をもつことができない。だから、われわれが、宇宙の体系の考察につとめるとき、星が無限の空間に散在する他の体系の太陽であることを考えるとき、無数の世界に光線と生命とをそそいでいるそれらのかがやく天体の一〇〇万分の一の部分をもわれわれはおそらく見ていないことをおもうとき、（神の）はかりしれない観念を把握できないわれわれの精神が、創造者の強大な、理解できない力を賞賛するあまり、われをわすれて途方にくれるとき、われわれは、すべての気候がひとしく温和でないこと、永遠の春が年中支配していないこと、神の創造物すべてがおなじ長所をもっていないこと、雲と嵐とが自然の世界を、悪徳と不幸とが道徳の世界をときとしてくらくすること、また創造のすべての作品がおなじ完全さでつくられていないことに、ぐちっぽく不平をこぼさないようにしよう。理性と経験とはともに、自然の無限の多様性〔そして多様性はおとった部分あるいは明白な汚点なしに存在できない〕は、創造の崇高な目的を促進し、最大可能な量の善をつくりだすのにすばらしく適していることを、われわれにしめしているようにおもわれる。

すべての形而上学的諸問題にまつわるあいまいさは、同様にして、知識の渇望から生じる種類の刺激に属するようにとくにつくられていると、わたくしにはおもわれる。おそらく、地上にいるあいだ人間は、これらの問題について完全な満足をえることはできないであろうが、しかしこのことは、人間がそれらの問題にたずさわるべきでないという理由ではけっしてない。人間の好奇心をそそるこれらの興味ある題目をとりまくくらさは、知的活動と努力とに無限の動機をあたえることを意図しているのであろう。このくらさをおいはらう不断の努力は、たとえ成功できないとしても、思考能力をうながし、改善する。もし人間の研究の主題がひとたび涸渇《こかつ》するならば、精神はおそらく停滞するであろう。しかし、自然の無限に多様な形態と作用とは、形而上学的諸問題が提供する思弁のための無限の糧とともに、このような時期が到来する可能性をさまたげている。「太陽のもとにあたらしいものはなにもない」というのは、ソロモン[†2]のもっとも賢明なことばの一つではない。逆に、おそらく、現在の制度が数百万年つづけば、人間の知識量にはたえず追加がくわえられるであろう。それにもかかわらず、おそらく、精神の能力とよばれうるものがいちじるしく決定的に増大するかどうかは、うたがわしい問題であろう。ソクラテス、プラトンあるいはアリストテレスのような人は、今日の学者たちより知識においてあきらかにかなりおとっていても、知的能力においてかれらをずっとしたまわるとはおもわれない。知能は一点からおこり、一定期間だけ活動をつづけるものであり、おそらく地上にあるあいだは一定数の印象以上をうけいれないであろう。なるほど、これらの印象は無限に変化するかもしれず、また、おそらくはじめの胚種《はいしゅ》の感受性における相違[*1]にくわえて、これらのさまざまな変化から、われわれが世界に見る性格の無限の多様性が生じるであろうが、しかし理性、経験とはともに、個人の精神能力は現存の知識量と比例しては増大しないことを、われわれに確証しているようにおもわれる。もっともすぐれた精神がつくられるのは、他人の観念の印象を受動的にうけいれることによるよりも、独創的思考の努力、あたらしい組合せをつくり、あたらしい真理を発見する努力によるようにおもわれる。将来、発見ののぞみがなくなり、精神の唯一の仕事はあたらしい独創的組合せをつくるなんらの努力なしに既存の知識を獲得することであるような時期が、もし到来すると想定することができるならば、人間の知識の量は現在の一〇〇〇倍もおおきくても、精神活動にたいするもっとも高貴な刺激の一つはなくなり、知能のもっともすぐれた特徴はうしなわれ、天才とむすびついたあらゆることがらはおわりをつげることは、あきらかである。そして、このような情況のもとでは、いかなる個人も、ロック、ニュートン、シェイクスピア、あるいはさらにソクラテス、プラトン、アリストテレスあるいはホメロスのような人がもっていたのとおなじ知的活力をもつことは不可能であるとおもわれる。

だれもいささかの疑問もかんじえない天上からの啓示が、いまもし形而上学的諸問題にかかっている霧をおいはらうこととなっており、精神の性質と構造、すべての実在の性情と本質、すなわち、最高存在が創造の仕事においてはたらくしかたと宇宙の計画と設計とのすべてを説明することになっているとすれば、そのようにしてえられた知識は、人間精神に活気と活動とをくわえないで、たぶん、それ以上の努力を抑圧し、飛翔《ひしょう》する知能の翼のはばたきをとめる傾向をもつであろう。

この理由から、わたくしは『聖書』のある部分にまつわる疑問および困難を、それが神の創出になるものだということにたいする反対論の根拠と考えたことはない。最高存在はうたがいもなく、啓示とともに、世界中にくずれることのない確信をうみだし、ただちにためらいと論争とをおわらせるような性質の一連の奇跡を人間にあたえることもできたであろう。しかし、われわれの理性は偉大な創造者の計画を理解するにはよわいけれども、このような啓示にたいするもっとも顕著な反対論を理解するにたりるほど強力ではある。われわれは、人間理性の構造についてしっているわずかなことから、この種のくずれることのない確信は、人間の進歩と道徳的改善とに役だつのでなく、すべての知的活動にたいして地雷の接触のように作用し、徳性の存在をほとんどおわらせるであろう、と確信しなければならない。もし永遠の刑罰についての『聖書』の宣告が、日についで夜がくるのとおなじように確実に各人の精神に記憶されるならば、この広大かつ陰鬱《いんうつ》な一つの観念は、他のいかなる考えにも余地をのこさないほど完全に人間の能力をとらえるであろう。人間の外的行動はすべてほとんどおなじになるであろう。道徳的行為は道徳的気質の徴候ではなくなるであろう。悪徳と美徳とは、ともにまじりあって一つの共通のものになるであろう。そして神のすべてを見とおす目はそれらを区別しうるかもしれないが、それらは必然的に、外的現象によってしか判断できない人間におなじ印象をあたえるにちがいない。このような配剤のもとでは、いかにして人類が道徳的害悪を嫌悪し、神およびすぐれた道徳に愛と賞賛との念をうえつけられうるかを考えることは困難である。

美徳と悪徳とについてのわれわれの観念は、おそらくあまり正確でなく、ただしく定義されていない。しかし、ただただひじょうにおおきな刑罰をおそれて、あるいはひじょうにおおきな報酬を期待してのみおこなわれる行為を真に道徳的とよぶ人はごくわずかしかいないだろうと、わたくしはおもう。神にたいするおそれは、きわめてただしく英知のはじまりといわれるが、英知のおわりは神にたいする愛であり、道徳的善の賞賛である。『聖書』にふくまれている将来の刑罰の宣告は、悪者の増加を阻止し、不注意者の注意を目ざめさせるようにたくみにつくられているようにおもわれるが、しかし、それらの宣告が、人間の意志を圧服して、たんに来世のおそれだけから悪徳的気質をもつ人間に道徳的生活をおくらせるような性質の証言をともなっているものではないことを、われわれは経験のくりかえしからしっている。真の信仰、というのは真にキリスト教徒的生活のすべての徳性にあらわれている信仰の意味であるが、それは一般に、純粋なまじりけのないおそれによってよりも、愛によってはたらくやさしい道徳的な気質のあらわれと考えられるのがよいであろう。

人間がその身体構造と自然法則の作用とによって、必然的にこの世界で当面しなければならない誘惑と、その結果としてこの強力な創造のるつぼからゆがんだかたちのおおくの器《うつわ》がでてくるという道徳上の確実性とをふりかえるばあい、神の手のこれらの創造物のあるものが永久の苦悩を宣告されることがあるとは、まったく考えることができない。われわれがひとたびこのような考えを容認するとすれば、善および正義についてのわれわれの自然な観念のすべては、完全にくつがえり、またわれわれはもはや神を慈悲ぶかくただしい存在とあおぐことはできなくなるであろう。しかし、福音書によってあきらかにされた生命と不死との理論、つまり正義のおわりは永遠の生命であるが罪のむくいは死である、という理論[†3]は、あらゆる点でただしく、慈悲ぶかいものであり、そして偉大な創造者にあたいするものである。世界の創造的過程から可愛らしくうつくしいかたちであらわれるものは、不死の栄冠をさずけられるべきであり、他方、ゆがんだかたちであらわれるもの、純粋かつ幸福な状態の存在に適さない精神のものは、死すべきであり、ふたたびもとの泥とまじることを宣告されるべきである、ということほどわれわれの理性と一致するようにおもわれるものはないのである。この種の永遠の宣告は、一種の永遠の刑罰と考えられるかもしれず、またそれがときとして苦悩というかたちで考えられるのはふしぎではない。しかし、生と死、救済と破滅は、幸福と不幸以上にしばしば、「新約聖書」において相互に対立している。もしわれわれが、神はかれを冒瀆《ぼうとく》した人間に永遠の憎悪と苦悩とをあたえるものであって、一般法則の作用によってもっと純粋な幸福の状態に適した資質をそなえなかったものをもとの無感覚状態にたんにおとすだけではないと考えるとすれば、最高存在はわれわれにきわめてちがうものに見えるであろう。

生命は、一般的にいえば、将来の状態とはべつな祝福である。それは、悪徳漢がたとえ死のおそれをもたないとしても、つねにかならずしも容易になげすてようとしない贈物である。したがって、最高存在が無数の人間に最高の享受能力をあたえるあいだに課する部分的苦痛は、あたえられる幸福に比較すれば秤《はかり》の埃《ほこり》のようなものにすぎない。そしてわれわれは、強力な過程における諸要素の一つとして絶対に必要なもの以上に、世界には害悪はないと信ずべき理由を、すべてもっているのである。

知能の形成にとって一般法則がおどろくべく必要なことは、一、二の例外によってはいかなる点でも否定されないであろう。そしてこれら一般法則はあきらかに部分的目的を意図したものではなく、人類の大多数にたいして長期にわたり作用するようにつくられている。わたくしが精神形成についてしめした考えによれば、神の啓示による自然の一般法則の侵犯は、巨大な塊のなかにあたらしい要素を混入する神の直接の手というかたちであらわれるものであって、それはその過程の特定の状態に適応し、人間精神を純粋化し、崇高にし、改善するかたむきをもつ一連のあたらしい強力な印象をうみだすためのものである。これらの啓示にともなう奇跡は、ひとたび人類の注意をよびおこして、その理論が神と人間とのいずれからでたものであるかということをもっとも興味ある論議の主題としたときに、その役割をはたしたのであり、創造者の目的にこたえたのであって、神意のこうした伝達はのちに、それ自体がもつ本来の卓越性によっておのずから道をひらき、また道徳的動機として作用することによって、人間の諸能力を圧服し停滞させるのでなく、しだいに教化し改善するにまかせられたのであった。

最高存在がみずからのえらんだ方法以外の方法によってはその目的をおそらく達成できなかっただろうというのは、うたがいもなく僭越《せんえつ》であろうが、われわれが有する神意の啓示は、若干の疑問および困難をともなっているのであり、またわれわれの理性は直観的、盲目的、全面的信仰を強制するとおもわれる啓示にたいしてはもっとも強力な反対をわれわれに指示しているのであるから、これらの疑問および困難は『聖書』が神に起源をもつことに反対する論拠ではなく、『聖書』のもつ種々の証言は人間の諸能力の進歩と人類の道徳的改善に最適である、と考えるべき正当な理由を、われわれはたしかにもっている。

この世界の印象および刺激は最高存在が物質を精神に形成する道具であり、また害悪をさけて善を追求する不断の努力の必要はこれらの印象および刺激の主要発条である、という観念は、人生を観察するさいに生じる困難のおおくを解決するようにおもわれるし、そして自然的および道徳的害悪の存在と、したがってそれら双方のうち人口の原理から生じる、たしかにあまりちいさくない部分との、満足すべき存在理由をしめしているようにわたくしにはおもわれる。しかし、この考えによれば、害悪が世界から除去されることはきわめてありえないことにおもわれるが、この印象は創造者の明白な目的にかなうものでないことはあきらかである。もし害悪の量が人間の活動あるいは怠惰とともに減少もしくは増大しなければ、それは活動への刺激としてあまり強力に作用しないであろう。この圧力の重量と配分とにおける継続的変化は、それを除去する不断の期待をおとろえさせないでおくのである。

「希望は永遠に人間の胸のなかに湧きいで

人間は祝福されることがなく、

しかしつねに祝福されることとなっている」[†4]

害悪が世界に存在するのは、絶望をうむためではなく、活動をうむためである。われわれは、それに忍従すべきでなく、それをさけることにつとめるべきである。自分自身および影響をおよぼすことのできる範囲から、害悪を除去することに最大の努力をつくすことは、すべての個人の利益だけでなく、義務でもあり、そしてかれがこの義務を遂行する程度、努力をかたむける賢明さの程度、これらの努力が成功する程度が、おおきければおおきいだけ、それだけかれは、自己自身の精神をおそらく改善し、たかめるであろうし、またそれだけ完全に、創造者の意志を実行するようにおもわれる。

＊1　おそらく、小麦のどの二つの穀粒も正確におなじではない。土壌はうたがいもなく発生する葉の主要な相違をつくるが、おそらくすべての相違をつくりはしない。のちに思考にめざめるはじめの胚種にある種の相違があることを想定するのは、当然であって、ひじょうに年少な子どもたちの感受性のいちじるしい相違は、この想定を確証するようにおもわれる。

†1　『アントニオとクレオパトラ』第二幕第二場。

†2　ソロモン Salomon（在位前九七一ころ～九三二ころ）は、紀元前十世紀のイスラエルの王で、ダヴィデの子。賢人として有名。

†3　『ローマ書』六・二三。

†4　ポープ『人間論』書簡第一、九五行。

訳者解説

『人口論』の著者トマス・ロバート・マルサス Thomas Robert Malthus（一七六六～一八三四）は、父ダニエルの次男として、ロンドンの南、サリーのドーキング近くで生まれた。わたしの知るかぎりでは、J・M・ケインズによる「マルサス伝」Robert Malthus, in *Essays in Biographies*（一九三三年）（熊谷尚夫・大野忠男訳『人物評伝』一九五九年、岩波書店刊所収）が、かれの育った知的環境をきわめて生きいきと描いて優れたものである。

ロバートが生まれて約三週間して、フランス十八世紀のもっとも鋭い思想家ジャン＝ジャック・ルソーが、これまたイギリス十八世紀の道徳哲学の最高峰の一人デヴィド・ヒュームとともに、マルサス邸を訪れている。ロバートの父は、当時の啓蒙思想、しかもそのうちでかなり革新的な側面を支持、受容していたのである。

十八歳となったロバートは、その年（一七八四年）の冬学期からケンブリッジ大学のジーザス・カレッジに入学する。かれがそこに入ったのは、十六歳からの家庭教師ギルバート・ウェイクフィールドがそこのフェロー（特別研究員）であった縁による。そして、この家庭教師もまた、ケインズによると「ルソーの使徒」であった。

一七八五年、マルサスが一年のとき、W・ペイリの『道徳および政治哲学の原理』*Principles of Moral and Political Philosophy* が出版され、この本はケンブリッジを試験用教科書としてながく支配する。「これは『人口論』の著者が受けた知的影響のうちでも高い地位をあたえられるべきもの」と、ケインズは書いている。その知的影響がどのようなものであったかは、示されていないけれども、のちのマルサスの立論からケインズの言葉は肯定的に推論できる。

ペイリは神学的功利主義だといわれることを考慮すると、自然法思想＝社会契約論が解体しつつあり、それを批判しながら功利主義が登場しつつある思想史上の転回過程で、ロバートは育ちつつあったことになる。したがって、この『人口論』の「序」のはじめで、この書物は「一友人」つまり父ダニエルとの対話のなかから生まれたと書かれている、有名なエピソードは、このような思想史上の新旧両世代の対立を反映していると、みることができるであろう。

もっとも、だからといって、ペイリとマルサスとが、同じ人口理論を共有していたわけではない。ペイリは、一国の幸福は人口数によって測定されるという、古い重商主義的見解をひきついでいたようである。だから、ペイリ自身が過渡的存在だと考えられるし、もしそうだとすれば、マルサスはペイリを超えて自己を確立しなければならなかったのである。

マルサスは、一七八八年に第九位の数学科学位試験優等者として卒業し、九三年にフェローとなった。九六年には、『危機』*The Crisis, a View of the Recent Interesting State of Great Britain by a Friend to the Constitution* というパンフレットを書いたが、出版されるにいたらなかった。これは、友人の書いたマルサスの伝記に一部の抜粋が残っているだけである。

一七九八年、マルサスは匿名で最初の書物を刊行した。それが、かれの名を歴史にとどめることとなったこの『人口論』初版である。しかも、これが当時のイギリスの読書界にあたえた衝撃は、きわめて大きく、ただちに賛否のパンフレット合戦を呼び起こした。

『人口論』は、マルサスの生前に六版をかぞえた。第二版刊行は一八〇三年で、このとき著者ははじめて書名に自分の名を記した。名声は確立されたのである。そして、初版刊行後、友人二人とともにヨーロッパ諸国をめぐって人口資料を収集した成果を大幅に取りいれ、書物が一変するほどの訂正増補をほどこした。初版では、表題中の副題（凡例参照）が示すように、イギリスの改革運動を鼓舞する思想家ゴドウィンやコンドルセにたいする批判が主眼であった。第二版では、副題も変り、主眼は救貧法批判に置かれるようになった。このあと、三版（一八〇六年）でもまたかなりの増補があり、四版（一八〇七年）ののち、五版（一八一七年）でも増補をみ、『ブリタニカ』の補遺に書いた「人口論綱要」*A Summary View of the Principle of Population*（一八二四年）（小林時三郎訳、一九五九年、未来社刊）をはさんで、一八二六年には最終の第六版におよんだ。第六版は、初版の、語数にして約五倍に達している。

『人口論』は、初版と第二版以後とでかなり違うから、ケインズのように、『人口論』初版をルソー、父ダニエル、ペイリなどと同じ文明に属するものとみ、第二版以後と区別する見解もある。マルサスもまた、過渡的存在であることに間違いはない。しかし、ケインズの解釈は、強いていえば、逆である。なぜなら、マルサスは、第二版以後、ゴドウィン的な啓蒙的理性をいくらか認め、道徳的抑制を承認するようになったといわれるからである。

しかし、初めからマルサスはルソー的啓蒙の段階を超えていたと、わたしは考える。

『人口論』初版は、特異な思想家であったとはいえ、啓蒙的理性の展開にきわめて楽観的な信頼を寄せたゴドウィンやコンドルセを、自然法則によって批判しようとしたものであった。かれの父との対立もここにあったのであり、この点では、ペイリがいくらか影を落しているであろう。ペイリは、「鳩《ピジョン》のペイリ」と呼ばれることもあるように、人間を鳩になぞらえ、食料が限られている場合には強者の論理が通用するとみていた。

ベンサムは、できるかぎり平等であることが望ましいという原理を導入することによってペイリを民主化し、原子論的社会観によって個と全体との直接的合一を信じることができた。『人口論』初版の人間把握は、ペイリ＝ベンサムのそれに照応する。

ところが、第二版はゴドウィンの理性を容認したようにみえるけれども、実際にはその理性は、私的所有を前提とした、利己心の作用を意味しており、この意味での理性ならば、初版でも決して否定されてはいないのである。それに、ペインの『人権論』*Rights of Man*, part I（一七九一年）、part II（一七九二年）を批判した悪名高い文章、すなわち、遅くやってきた人間に「自然は立ち去ることを命じる」という文章は、第二版にのみ現われる。初版と第二版以後との相違は、人口理論の基本構造そのものにはなく、政策的提言に求めるべきものである。

そして、この基本構造という意味でのマルサス人口理論は、かれ自身にとってだけでなく、広く当時のイギリスの社会科学、とくに経済学にとっての自明の前提となり、共有財産となった。経済理論においてマルサスと共通するものをほとんど持たなかったD・リカードゥにとってさえ、マルサス人口論は異論の余地のないものであった。

『人口論』の骨子は、初版でいえば第一章にある。第一に二つの公準、第二に人口と生活資料とのことなる増加率、第三に人口を生活資料の水準にひとしく抑制する必要（害悪と不幸、第二版で加えられた道徳的抑制）である。第二の比率にマルサスは終生固執しているが、アルフレッド・マーシャルのように、これを収穫逓減の法則を述べているのだと解してみても、実証（だからまた反証も）できないものにすぎない。したがって、この人口理論だけからは、現実にたいして提言できることは、きわめて限られている。

初版の当時には、フランス革命の影響を受けて、イギリスにも改革の機運があったから、人口理論だけで攻撃できる対象があった。その対象とは、第一に、ゴドウィンやコンドルセのように公準そのものを否定する極端な楽天主義、第二に、人口の圧力を遠い将来のこととする、やはり楽天主義、第三に、人口を抑制する作用を攪乱《こうらん》する救貧法、である。

けれども、改革運動を押しつぶす政治的反動、さらには産業化の進行、またマルサスのこの書物自体の影響などが、すくなくとも第一および第二の楽天的な改革理論の存立を許さなくなると、『人口論』の主眼が変化せざるをえないし、かれ自身、人口理論だけにとどまるわけにいかなくなる。たとえば、マルサスは、二年のちに『食料の高価格』*An Investigation of the Cause of the Present High Price of Provisions*（一八〇〇年）を刊行する。これは、議会での論議の参考のために書かれたもので、マルサスの現実への積極的参加の姿勢がうかがえる。かれはここで、先年のヨーロッパ旅行での経験から、スウェーデンの穀物高価格と比較して、イギリス独自の原因として救貧法をあげたのであった。この場合の基礎的な理論は、すでにこの『人口論』初版（第五章）にある。だが、『食料の高価格』における、きわめて簡明な価格の限界購買力説がたとえ人口理論からの直接の論理的系としてひきだされたにせよ、価格理論に入れば、そこは資本の論理の支配する世界である。

ケインズはだから、右の『食料の高価格』を、「ここには体系的な経済学的思考のはじまりがある」と賞讃したが、それは、マルサスが自然法則に支配される人間社会の考察から、資本の法則に支配される世界の考察に入ったことを意味している。もっとも、マルサスにとって人口理論と経済理論とは別個の研究領域ではなかった。『人口論』初版が、その最後の若干の章で、当時の主要な経済学説、つまりスミスとフランス・エコノミスト（重農主義）とを検討していることを忘れてはならない。人口理論を現実に接近させる場合、資本の論理を媒介にしなければならないことは、すでにかれの気づいていたところであった。だからマルサスは、かれの『経済学原理』*Principles of Political Economy*（一八二〇年）を、『人口論』の付録のかたちで公表することもありうると考えていたほどであった。

十九世紀に入ってからのマルサスの仕事は、人口理論に加えられたさまざまな批判に答えて、それをより綿密に実施することと、リカードゥとの対立のうちに自分なりの資本の論理を把握することとであった。かれは、これらの仕事を、一八〇五年に就任した、創設されたばかりのイースト・インディア・カレッジ（東インド会社の職員教育の学校）の歴史学および経済学の教授の席にあって、カレッジのあるハートフォードシャー（ヘイリベリ）に住みながら、おこなった。

経済学の仕事のほうは、それ独自の輝きと価値とを持つまでになったが、人口論の仕事のほうは、「冗漫なくりかえし」といわれることもある。その意味では、たしかに、「マルサスの『人口論』は若わかしい天才の作品である」（ケインズ）という評言は、初版にもっともよくあてはまる。たとえ、そこにさえ独創がなく、過去の諸理論の寄せ集めだというマルクスの非難が正当だとしても、である。

『人口論』はまた、スミスの大著が「諸国民の富の性質と原因にかんする研究」であるのと対照的に、「諸国民の貧困の性質と原因にかんする研究」だということがよくいわれる。しかし、マルサス人口論がリカードゥにとっても前提であったとすれば、その評価はかぎられた意味しか持たない。それよりもむしろ、われわれが注目すべきなのは、人口と食料との増加率の相違という、今日のわれわれにすれば根拠の不確定な命題に固執しつづけたマルサスのなかに、富裕の増大と浸透とを信じたスミスやリカードゥよりも、かえって、かえりみるべきものがある、ということである。

ここでは、『経済学原理』まで立ち入るわけにはいかないから、それを視野に入れながら言及を『人口論』最後の若干の章に限定せざるをえない。そこでは、すべての価格現象が限界購買力説で説明されているわけでなく、生産費説の萌芽も読みとることができる（第十六章）のであって、マルサスがスミスを継承しようとしていたことは明白である。ただ、マルサスがスミスと所見を異にするのは、生産の増加の結果の評価であった（第十七章のはじめ）。だから、スミスとマルサスとの研究対象が対照的だという解釈はなおさら困難になるのであるが、それはともかく、マルサスはここで、食料（生活必需品）生産をそれ以外のものの生産と区別するという、いわば古い農工二分論を復活させているのである。

『人口論』初版第十五章では、「農業労働の量の増大はつねに労働者にとって利益となるにちがいない」と述べられ、第十七章では、たとえ投入を下廻る産出しかない場合でさえ、農業労働は生産的と呼ばれ、たとえ利潤および地代を充分にもたらすものでも奢《しゃ》侈品《しひん》を作る工業労働は不生産的と呼ばれている。生活必需品が奢侈品と区別されて重視されているのである。

輸入穀物に関税をかけることの是非をめぐる有名な穀物法論争のなかにおいても、穀物の自由輸入に反対した場合の論拠として、安全が富より重要であるとして食料の外国依存の危険を説き、工業は市場が不安定であるから社会不安の原因となるとして適度工業化論を主張した。これは、私的所有＝資本制生産と国家主権（ナショナリズム）とを自明のものとみているという制約をまぬがれてはいないけれども、それだけ、かれが資本のむき出しの論理から離れていたことを物語る。

われわれはまた、人口を食料の水準に抑制する作用をもつもののうちに、予防的制限と積極的制限とならんで、「婦人にかんする不道徳な習慣、大都市、不健康な製造工業、奢侈、疾病および戦争」がかぞえられているのを読む（第五章末尾）。リカードゥには、このようなものの必然性の理解は、かならずしもあるわけではない。ケインズがマルサスを「ケンブリッジ経済学者の始祖」と呼んで、恐慌の可能性を否定したセー法則を信じなかったマルサスを高く評価したのは周知のことであるが、われわれは、ケインズが注目したのと同じ側面を、ケインズとは違う意味で今、評価してよいであろう。とりわけ、「大都市、不健康な製造工業」という指摘は、空想的社会主義者ロバート・オーエンを想起せしめる。

だから、マルサスの「俗流」的性格は二重だと、わたしは思う。資本と国家との存在を自明のものと前提したかぎりで、かれは、資本の論理の絶対性を信奉した（それがセー法則に理論的に表現される）リカードゥと俗流的性格を共有しており、それが、古典経済学の世界の基本的特徴なのであった。しかし、マルサスは、セー法則を信奉せず、そのかわりに地主階級の不生産的消費の必要を説いたことにみられるように、現実の不安定をリアルに見る視点を持っていた。それは、つまるところ、かれが資本の論理に内在していなかったかぎりで、たとえばさきの生産的という言葉の規定のように今一つの「俗流」的性格をつくりはするものの、資本の論理に埋没していたリカードゥに見えないものを見ることを、かれに可能にしたのであった。マルサス自身は、結局、前者の意味での「俗流」のうちに収斂《しゅうれん》してしまった（地主の不生産的消費によって資本の論理は貫徹する）けれども、このリカードゥとマルサスとに共通な資本の必然性の信念こそは、今、内在的に超えられねばならぬものである。そして、それを超えていくさいの、われわれの導きの星は、人間にとって産業化とは何であるか、われわれにとって資本とは何であるか、などという、根源的な問いであろう。このような問いをわれわれは、自他に問うていく場合、マルサスは、かならずしも積極的な意味ばかりを有しているわけではないが、われわれにとっての大きな遺産であることは確かである。

「一八三八年十月、すなわち組織的な研究を開始して以来一五ヵ月したとき、たまたま慰みにマルサスの『人口論』を読んだが、動植物の習性にかんして長期間続けた観察の結果として、いたるところにおこなわれている生存のための抗争を認める素地ができていたので、すぐにわたしには、このような事情のもとにおいては、好都合な変異は保存され、不都合なものは滅ぼされる傾向があることが想い浮んだ」。チャールズ・ダーウィンの「自伝」Francis Darwin (ed.), *Charles Darwin: His Life Told in an Autobiographical Chapter*…（一八八七年）中の一節である。そして、『種の起源』*The Origin of Species*（一八五九年）のなかにやはり、「マルサス理論」という文字が発見される。これは、マルサス『人口論』が初版以来、自然法則的観点に立っていて、啓蒙思想を超えていたことの傍証となるであろう。

一八二四年、フランシス・プレイスは、『人口原理の例証』*Illustrations and Proofs of*

the Principles of Population を刊行し、人口を食料の水準に抑制する第四の方法として、出生制限をつけ加えた。ここから、新マルサス主義が始まる。労働者の貧困は、労働者の多産のせいにされたのである。すでに、『人口論』第二版の道徳的抑制が、貧困を本人の責に負わせているが、いずれも同じ思想から生まれている。約半世紀を経過すると、「マルサス同盟」（一八七七年創立）が生まれ、労働者のなかに新マルサス主義（つまり、家族計画）が持ちこまれようとした。

日本にマルサス『人口論』がどのように導入されたかについては、わたしは、別のところに書いたことがある（『世界の名著』第三十四巻、一九六九年、中央公論社刊）。そのときのわたしの調査が間違っていなければ、『人口論』の訳書としては、わたしのこの書物は、明治九年（一八七六年）の大島貞益の訳書以来、一七番目のものである。

訳文は、右の『世界の名著』第三十四巻に収めたもののままである。

一九七三年八月

永井義雄

人間の不完全性――解説にかえて

藤原辰史

性と食。マルサスが押さえたふたつのツボは外していない。おそらく、『人口論』初版の出版から二〇〇年以上経たいまも。

もちろん、『人口論』の中では、性はもっぱら生殖の意味であり、食はもっぱら人間を養うという機能に限定はされていた。一、二、四、八……という等比級数的な生殖の速度に、一、二、三、四……という等差級数的な食糧生産の速度が追いつかない。追いつかないどころか差は広まるばかり。食べものが全員に行きわたらなくなると、人は人を欺き、騙《だま》し、占有しようとする。貧困はそこに生まれる。社会福祉は、かえって貧困を増やす。貧困とは防ぎようのない自然現象である、むしろそういう害悪があることが人に哀れみの心情をもたらすのだから必ずしも悪いとは言い切れない、という自己責任論的で階級差追認に通ずる『人口論』の主張は冷徹である。マルサスは貧困を自然現象として捉えることで、社会的不正義のあらわれであるということを隠蔽している、というカール・マルクスの批判は、マルサスの深いところまでえぐっている、と言わざるをえない。

ただ、マルサスの問題設定はやはり鋭いと思う。たとえ、マルサスの計算の根拠が薄弱であり、現在の地球全体の食糧は人口を十分に賄《まかな》うほど生産されているとしても。たとえ、過剰生産された作物が食料価格の暴落をもたらすほどの脅威となって、国連の援助に用いられたり、各国の倉庫維持費用を圧迫したりしているとしても。たとえ、現代世界で飢餓と貧困が深刻であるのは、食糧不足ではなく、その分配の失敗に原因があることが明らかであるとしても、マルサスは、人間社会を論じるための急所をきちんと押さえているように感じる。なぜそのように評価するのかといえば、性と食という基本的な生物の行為を同時に考える視点が、赤坂憲雄の『性食考』（岩波書店、二〇一七年）などの一部の仕事を除いて、依然としてまだ全体的に弱いからである。

ともかく、マルサスは、人間の種としての再生産（子を産み、次世代へとつなぐこと）と、人間の個体としての再生産（一日の疲労を回復し、明日働くエネルギーを獲得すること）を同時に捉えようとし、その不調和を考えた。人間を一回カッコでくくり、性欲と食欲に駆り立てられるように活動する生きものとしてみる。その視点は鮮やかである。さきほど述べたマルクスをはじめとして、これまで猛烈な批判にさらされてきた

『人口論』がそれでもなお生命を保っている理由のひとつは、この理論によって、人口の力こそが国力と常識的に思われていた当時の思潮を打破した鮮やかさ、性と食の二点突破の鮮やかさが依然として失われていないことにあると思う。

それでは、どういう点で、『人口論』の問題設定の鋭さは、現代社会を知るうえで輝きを増すのであろうか。

それは一言でいえば、人間の不完全性もしくは不安定性を前提にしてものを考えるマルサスの姿勢にある。では、人間の不完全性とは何か。それは、性欲を簡単に制御できない人間の、あるいは、悪徳を克服しえない人類の不完全性であり、土地の生産性にあらかじめ制限される人間の能力の限界であり、老いゆく体を克服できない限界である。本書が一貫して批判対象としているゴドウィンとコンドルセの「人間は完成しうる」という考え方と正反対だ。ゴドウィンとコンドルセは、人間精神は進歩を続けることができる、と考えた。進歩すれば、貧困だけではなく、老いも死も乗り越えられる。人間は計画を立てられる。計画に基づいて、自然を制御し、平等な社会を建設することができる。理想、前進、完成、計画。後世を生きる私たちからすればソ連もしくは受験勉強のスローガンのように響くこれらの言葉への強烈な違和感こそが、『人口論』を書き進める推進力となっている。

理想、前進、完成、計画。これらを称揚しすぎることは逆に社会に害悪をもたらす、人間の限界性を見つめよ、とマルサスは批判するのだが、まさにこのメッセージにこそ、私たちが受け継ぐべき遺産があるように思えてならない。

それはつぎの二点である。

第一に、土地の生産性の限界を説いたことである。

マルサスの死後、「収穫逓減の法則」が学術的に証明された。土地に与える肥料を増やせば増やすほど、どんどんとその効果は減っていく、というものである。マルサスは当然この法則を知らなかったわけだが、土地が作物に提供できる栄養素には限界がある、という当たり前のことを説き、進歩の時代に対しマルサスが冷や水を浴びせていることの先駆性は、何度強調してもしすぎることはないだろう。

もちろん、マルサスの暗い見通しは打ち破られた、と繰り返し言われている。マルサスのあと登場した二人の化学者、十九世紀のユストゥス・フォン・リービッヒと二十世紀のフリッツ・ハーバーがマルサスの悲観主義を拭《ぬぐ》い去ったのだ、ということになっている。リービッヒは、植物の栄養は土壌中の腐植（微生物の働きで動植物が不完全に分解されてできる有機化合物）ではなく、無機物であることを証明し、化学肥料の爆発的な普及に道を開いたし、ハーバーは、天然ガスのエネルギーを用いて高圧高熱状態を作り出し、空気中の窒素を植物が吸収可能なアンモニア態にすることに成功したのである。これに加え、牧草を餌とする役畜《えきちく》の代わりに石油を必要とするトラクターが登場し、農薬が除草と殺虫を可能にして、品種改良技術の向上が、より人間にとって好都合な作物の形質を作り出すことに成功したことで、人口爆発がもたらされたのである。

しかし、本当にマルサスの予言は外れたのだろうか。化学肥料にせよ、トラクターにせよ、化石燃料に頼った農業がいつまで持つかは甚だ怪しいことはやはり指摘せねばならないし、化学肥料の多投で世界中の土壌が致命的に痩せ始めているという報告も、最近国際社会で主張されるようになった（その分かりやすい事例が、二〇一五年に、国連によって行われた「国際土壌年」キャンペーン）。ならば、現在のところかなりの無理をしてマルサスの悲観を回避しているだけである、ともいえなくはない。今後起こりうる食のカタストロフィー、たとえば、病原菌によるモノカルチャーの壊滅、とくに、品種の多様性が低いバナナのプランテーションの壊滅を警告する本も出版されている（ロブ・ダン『世界からバナナがなくなるまえに』高橋洋訳、青土社、二〇一七年）。人口は増え続けているが、危機は先送りされているだけだとしたら、『人口論』はやはりアクチュアルなままだ。

第二に、人間自体の未完成さを可能性としてみたことである。

アンチエイジングが世間を賑《にぎ》わす今日、シワを伸ばし、白髪を染め、肌をツルツルにすることにますますお金が投じられている。けれども、福岡伸一が一連の動的平衡論で喝破したように、アンチエイジングは単に生命活動を停滞させるだけであり、次から次へと不要なタンパク質を壊していくことこそが、生命をヴィヴィッドに保つのである。

しかしそれだけならば、まだ個人の好みの問題で済む。問題は、不死への飽くなき欲望という人類共通の病が、現在、医学の野望とぴったりと重なったことである。再生医療の発展によって、お金をかければ、体の臓器の一部をリニューアルしたり、肌をツルツルに戻したりできる日が来るかもしれない。平均寿命は延びるかもしれない。寿命五年延長に一億円とか、露骨に寿命が市場で取引される日もそう遠くないとすれば、つまり、コンドルセが夢見た状態が現実に起こるとすれば、それこそ、マルサスの恐れている害悪が、そういった医学が発展する前よりも増大する。

さらに、ゴドウィンが夢想した性欲の消滅、という人間の完成形態はどうだろうか。ついに性の悩みから解放された人類は、あらゆる知的エネルギーを人類の発展のために使おうとするだろうか。おそらくそれを信じる人はほとんどいないだろう。未完成だからこそ、人間は同居人を探し、暮らす。未完成だからこそ、特徴は際立ち、魅力に変わる。一人一人の人間が完成すれば、自分だけで満たされるようになり、他者への関心と愛の交通は遮断される。これは『一九八四年』も真っ青のディストピアである。

以上の二点を考えるにつけ、マルサスの警鐘はいまなお傾聴に値するだろう。けれども、マルサスをそのまま受け入れることも危険であることは、その後の歴史が証明している。人口の増加の割に国土が少ないと訴え、自国の膨張を唱えた国こそが、一九三〇年代のドイツと日本であった。そこにはマルサスの議論を単純化した新マルサス主義が色濃く影を落としている。日本が中国東北部に「満洲国」という傀儡《かいらい》国家を建設したことも、「大東亜共栄圏」という経済圏を構想したことも、ドイツが中東欧に「広域経済圏」を建設しようとしたことも、「生きるに値しない生命」を措定し、その抹殺を図ったことも、人口と食糧というセットの議論がなければ、おそらく起こり得なかったはずだ。そもそも人間を生物的存在としてみることが、ナチスの人種学を支えたのではなかったか。満洲移民運動の指導者たちは日本農村の過剰人口を日本の貧困の原因にしていたのではなかったか。優生思想の背後には、「増え続ける人口」と「無駄な税金投入」という考え方があったのではないか。性の領域を生殖の領域に落とし込み、異性や同性のセクシュアリティを排除し、食の領域を人口扶養の領域に落とし込み、食の文化性や地域性を排除・無視してきたのは、ファシズム国家だけではないはずである。

制御できない欲望を抱え込み、欲望の広がりを認め、疲労と共存する人間の不完全性と、人間が掘り起こせる自然の力の限界を前提にしつつ、それでも貧困が少なくなり、市場から弾かれた人間の生存を共同でフォローできる社会を構想することは難しいだろうか。

簡単であれば、今頃世界はこんなに暗くはなかっただろう。だが、不可能であれば、今頃世界はもっと暗かったに違いない。計画と放任のあいだ。自然と人工のあいだ。理想と現実のあいだ。『人口論』が図式化したこの二項対立は現代社会でも生きている。『人口論』の生物学的決定主義に抗しつつも、マルサスが見極めた人間の不完全性に人間の相互行為という可能性を接ぎ木すること。さしあたりは、そんな植木屋のような仕事が私たちに必要だと思う。

（ふじはら・たつし　農業史研究者、京都大学人文科学研究所准教授）

編集付記

一、本書は中公文庫『人口論』（一九七三年九月刊）の改版である。

一、改版にあたり、同文庫版（十刷　二〇〇九年十一月刊）を底本とした。巻末に新たに「人間の不完全性――解説にかえて」を付し、旧版の巻末にあった原注および訳注を各章末に移した。

一、訳注のうち、地名の表記については、編集部の判断で新たな情報に改めた箇所がある。

一、本文中、今日の人権意識に照らして不適切な語句や表現が見受けられるが、執筆当時の時代背景と作品の価値に鑑みて、そのままの表現とした。

中公文庫

人口論《じんこうろん》

1973年9月10日　初版発行
2019年7月25日　改版発行

著　者　マルサス
訳　者　永井《ながい》 義雄《よしお》
発行者　松田 陽三
発行所　中央公論新社
〒100-8152　東京都千代田区大手町1-7-1
電話　販売 03-5299-1730　編集 03-5299-1890
URL http://www.chuko.co.jp/

DTP　ハンズ・ミケ
印　刷　三晃印刷
製　本　小泉製本

Published by CHUOKORON-SHINSHA, INC.
Printed in Japan　ISBN978-4-12-206762-2 C1133

各書目の下段の数字はISBNコードです。978－4－12が省略してあります。

中公文庫既刊より

ス-4-1
国富論 I
アダム・スミス
大河内一男 監訳
古典経済学と近代自由主義思想の不滅の原典を平明的確な訳文で甦らせ、精細な訳注、豊富な図版を配し研究の手引を付す。本巻では先駆的労働価値論を展開する。
200533-4

ス-4-2
国富論 II
アダム・スミス
大河内一男 監訳
古典経済学と近代自由主義思想の不滅の原典。本巻では資本投下の「自然な順序」を逆転させた国家による経済活動への政策的介入の歴史を究明する。
200541-9

ス-4-3
国富論 III
アダム・スミス
大河内一男 監訳
古典経済学と近代自由主義思想の不滅の原典。本巻では国家義務たる国防・司法・公共施設、また租税・公債のあり方を述べ独自の国家観を披瀝しこの大著を結ぶ。
200549-5

ミ-1-3
フランス革命史（上）
J・ミシュレ
桑原武夫／多田道太郎／樋口謹一 訳
近代なるものの源泉となった歴史的一大変革と流血を生き抜いた「人民」を主人公とするフランス革命史の決定版。上巻は一七九二年、ヴァルミの勝利まで。
204788-4

ミ-1-4
フランス革命史（下）
J・ミシュレ
桑原武夫／多田道太郎／樋口謹一 訳
下巻は一七九二年、国民公会の招集、王政廃止、共和国宣言から一七九四年のロベスピエール派の全員死刑までの激動の経緯を描く。〈解説〉小倉孝誠
204789-1

テ-3-2
ペスト
ダニエル・デフォー
平井正穂 訳
極限状況下におかれたロンドンの市民たちを描いて、カミュの『ペスト』以上に現代的でなまなましいと評される、十七世紀英国の鬼気せまる名篇の完訳。
205184-3

ニ-2-3
ツァラトゥストラ
ニーチェ
手塚富雄 訳
近代の思想と文学に強烈な衝撃を与え、今日なお予言と謎に満ちたニーチェの主著を格調高い訳文と懇切な訳注で贈る。〈巻末対談〉三島由紀夫・手塚富雄
206593-2

ハ-2-2
パンセ
パスカル
前田陽一
由木康 訳
時代を超えて現代人の生き方に迫る、鮮烈な人間探究の記録。パスカル研究の最高権威による全訳。年譜、索引付き。〈巻末エッセイ〉小林秀雄
206621-2

テ-4-2
自殺論
デュルケーム
宮島喬 訳
自殺の諸相を考察し、アノミー、生の意味喪失、疎外など、現代社会における個人の存在の危機をいち早く指摘した、社会学の古典的名著。内田樹氏推薦。
206642-7

ホ-1-5
中世の秋（上）
ホイジンガ
堀越孝一 訳
二十世紀最高の歴史家が、フランスとネーデルラントにおける実証的調査から、中世人の意識と中世文化の生活と思考の全像を精細に描いた不朽の名著。
206666-3

ホ-1-6
中世の秋（下）
ホイジンガ
堀越孝一 訳
歴史家ホイジンガが十四、五世紀をルネサンスの告知とはみず、すでに過ぎ去ったものが死滅する時季と捉え取り組んだ、ヨーロッパ中世に関する画期的研究書。
206667-0

ホ-1-7
ホモ・ルーデンス
ホイジンガ
高橋英夫 訳
人間は遊ぶ存在である――人間のもろもろのはたらき、生活行為の本質は、人間存在の根源的な様態は何か、との問いに対するホイジンガの結論が本書にある。
206685-4

フ-4-2
精神分析学入門
フロイト
懸田克躬 訳
近代の人間観に一大変革をもたらした精神分析学の全体系とその真髄を、フロイトみずからがわかりやすく詳述した代表的著作。〈巻末エッセイ〉柄谷行人
206720-2

ケ-1-4
ファウスト 悲劇第一部
ゲーテ
手塚富雄 訳
あらゆる知的探究も内心の欲求を満たさないと絶望したファウストは、悪魔メフィストフェレスと魂をかけた契約を結ぶ。〈巻末エッセイ〉河盛好蔵・福田宏年
206741-7

ケ-1-5
ファウスト 悲劇第二部
ゲーテ
手塚富雄 訳
巨匠ゲーテが言葉の深長な象徴力を駆使しつつ自然と人生の深奥に迫った大作を、翻訳史上画期的な名訳で贈る。読売文学賞受賞作。〈巻末エッセイ〉中村光夫
206742-4

古典名訳再発見

中公文庫プレミアム　古典作品の歴史的な翻訳に光を当てる精選シリーズ

五つの証言
トーマス・マン＋渡辺一夫
［解説］山城むつみ

政治の本質
マックス・ヴェーバー＋カール・シュミット
清水幾太郎 訳
［解説］苅部 直

精神の政治学
ポール・ヴァレリー
吉田健一 訳
［解説］四方田犬彦

わが思索のあと
アラン
森 有正 訳
［解説］長谷川 宏

荒地／文化の定義のための覚書
T・S・エリオット
深瀬基寛 訳
［解説］阿部公彦